Lutz Völker

Unternehmensrecht kompakt

Unternehmensrecht kompakt

Lutz Völker

Bibliografische Information der Deutschen Nationalbibliothek: Die Deutsche Nationalbibliothek verzeichnet diese Publikation in der Deutschen National-bibliografie; detaillierte bibliografische Daten sind im Internet über http://dnb.d-nb.de abrufbar.

4. Auflage 2017

© 2017 Lutz Völker

Herstellung und Verlag: BoD - Books on Demand, Norderstedt

ISBN 978-3-8448-0602-1

Vorwort

Jedes wirtschaftliche Handeln hat eine rechtliche Dimension. Unternehmen sind einem verbindlichen rechtlichen Rahmen unterworfen. Diesen Rahmen verkörpert das Unternehmensrecht. Eine konkrete Definition dieses Gebiets gibt es nicht. Man kann aber als Unternehmensrecht alle diejenigen Rechtsmaterien verstehen, welche die rechtlichen Rahmenbedingungen der Unternehmenskonstitution und der Beziehungen der Unternehmen zu ihrer Umwelt bestimmen.

Vorliegend werden das Handels- und Gesellschaftsrecht, das Gewerberecht, der gewerbliche Rechtsschutz, das Urheber- und Wettbewerbsrecht sowie das Insolvenzrecht unter dem Begriff Unternehmensrecht eingeordnet. Die Regelungen zum Bürgerlichen Recht und zum Arbeitsrecht – welche zweifellos auch für Unternehmen enorme Bedeutung haben – werden im Rahmen dieses Buchs nicht behandelt, diesbezüglich sei auf die einschlägige Literatur, z.B. auf die Bücher des Autors in den Buchanzeigen am Ende dieses Buchs, verwiesen.

Zielgruppen sind vor allem Studenten der Wirtschafts- und Sozialwissenschaften und Teilnehmer von IHK-Lehrgängen, z.B. zum „Geprüften Betriebswirt". Das Buch eignet sich auch für Unternehmer und betriebliche Praktiker, die einen kompakten und verständlichen, aber trotzdem fundierten Überblick über das Unternehmensrecht benötigen.

Für die Übernahme des Korrekturlesens in bewährt zuverlässiger Weise bedanke ich mich bei Evelyn Atzler.

August 2017

Lutz Völker

Inhaltsverzeichnis

Abkürzungsverzeichnis

a.A.	anderer Ansicht
ADSp	Allgemeine Deutsche Spediteurbedingungen
AEU	Vertrag über die Arbeitsweise der Europäischen Union
a.F.	alte Fassung
AG	Aktiengesellschaft
AktG	Aktiengesetz
Alt.	Alternative
ArbnErfG	Arbeitnehmererfindergesetz
ARGE	Arbeitsgemeinschaft
Art.	Artikel
BAG	Bundesarbeitsgericht
BayObLG	Bayrisches oberstes Landgericht
BGB	Bürgerliches Gesetzbuch
BGBl.	Bundesgesetzblatt
BGH	Bundesgerichtshof
BVerfG	Bundesverfassungsgericht
BVerwG	Bundesverwaltungsgericht
bzw.	Beziehungsweise
DesignG	Gesetz über den rechtlichen Schutz von Design
d.h.	das heißt
DPMA	Deutsches Patent- und Markenamt
DrittelbG	Gesetz über die Drittelbeteiligung der Arbeitnehmer im Aufsichtsrat
eG	eingetragene Genossenschaft
EichG	Eichgesetz
EinhZeitG	Einheiten- und Zeitgesetz
e.K.	eingetragener Kaufmann/eingetragene Kauffrau
EPÜ	Europäisches Patentübereinkommen
EPatVO	Europäische Patentverordnung
EStG	Einkommensteuergesetz
EU	Europäische Union
EuGH	Europäischer Gerichtshof
e.V.	eingetragener Verein
EWIV	Europäische wirtschaftliche Interessenvereinigung
FamFG	Gesetz über das Verfahren in Familiensachen und in den Angelegenheiten der freiwilligen Gerichtsbarkeit
ff.	fortfolgende
fob	free on bord
GastG	Gaststättengesetz

GbR	Gesellschaft bürgerlichen Rechts
GebrMG	Gebrauchsmustergesetz
GEMA	Gesellschaft für musikalische Aufführungs- und mechanische Vervielfältigungsrechte
GemGeschmMVO	Gemeinschaftsgeschmacksmusterverordnung
GenG	Genossenschaftsgesetz
GewO	Gewerbeordnung
GG	Grundgesetz
ggf.	gegebenenfalls
GmbH	Gesellschaft mit beschränkter Haftung
GmbHG	Gesetz betreffend die Gesellschaften mit beschränkter Haftung
GMVO	Gemeinschaftsmarkenverordnung
GWB	Gesetz gegen Wettbewerbsbeschränkungen
HGB	Handelsgesetzbuch
h.M.	herrschende Meinung
HR	Handelsregister
HRV	Verordnung über die Einrichtung und Führung des Handelsregisters
HS	Halbsatz
HWG	Heilmittelwerbegesetz
HwO	Handwerksordnung
i. Abw.	in Abwicklung
i.d.R.	in der Regel
i.e.S.	im engeren Sinne
i.G.	in Gründung
i.L.	in Liquidation
InsO	Insolvenzordnung
i.S.d.	im Sinne des/der
i.V.	in Vertretung
i.V.m.	in Verbindung mit
i.w.S.	im weiteren Sinne
KG	Kommanditgesellschaft
KGaA	Kommanditgesellschaft auf Aktien
LG	Landgericht
Ltd.	private limited company by shares
MarkenG	Markengesetz
MeßEinhG	Gesetz über Einheiten im Meßwesen
MitbestG	Gesetz über die Mitbestimmung der Arbeitnehmer (Mitbestimmungsgesetz)

MontanMitbestG	Gesetz über die Mitbestimmung der Arbeitnehmer in den Aufsichtsräten und Vorständen der Unternehmen des Bergbaus und der Eisen und Stahl erzeugenden Industrie (Monan-Mitbestimmungsgesetz)
Nr.	Nummer
o.ä.	oder ähnliche(s)
OHG	Offene Handelsgesellschaft
OLG	Oberlandesgericht
PAngV	Preisangabenverordnung
PartGG	Partnerschaftsgesellschaftsgesetz
PatG	Patentgesetz
PatV	Patentverordnung
PCT	Patent Cooperation Treaty (Vertrag über die internationale Zusammenarbeit auf dem Gebiet des Patentwesens)
PIZ	Patentinformationszentrum
ppa.	per Prokura
RBÜ	Revidiertes Berner Übereinkommen
s.	siehe
S.	Satz
SCE	Societas Cooperativa Europaea
SE	Societas Europaea
StG	stille Gesellschaft
TMG	Telemediengesetz
u.a.	und andere(s)
u.ä.	und ähnliche(s)
UG	Unternehmergesellschaft
UKlaG	Unterlassungsklagengesetz
UrhG	Urheberrechtsgesetz
UrhWG	Urheberrechtswahrnehmungsgesetz
usw.	und so weiter
UWG	Gesetz gegen den unlauteren Wettbewerb
VAG	Versicherungsaufsichtsgesetz
VG	Verwertungsgesellschaft
vgl.	vergleiche
VO	Verordnung
VVaG	Versicherungsverein auf Gegenseitigkeit
VVG	Versicherungsvertragsgesetz
WIPO	World Intellectual Property Organization (Weltorganisation für geistiges Eigentum)
z.B.	zum Beispiel
ZPO	Zivilprozessordnung

Literatur

Alpmann, Josef A.: Handelsrecht, 9. Auflage, Münster 2002.

Biehl, Kristof: Grundkurs Insolvenzrecht, 3. Auflage, Dänischenhagen 2006.

Brox, Hans/Henssler, Martin: Handelsrecht, 20. Auflage, München 2009.

Diehn, Thomas: Handelsrecht, 4. Auflage, Dänischenhagen 2009.

Eisenmann, Hartmut/Jautz, Ulrich: Grundriss Gewerblicher Rechtsschutz und Urheberrecht, 9. Auflage, Heidelberg 2012.

Gruber, Joachim: Gewerblicher Rechtsschutz und Urheberrecht, 1. Auflage, Altenberge 2006.

Hassemer, Michael: Patentrecht, 1. Auflege, Stuttgart 2011.

Klunzinger, Eugen: Grundzüge des Handelsrechts, 13. Auflage, München 2006.

Klunzinger, Eugen: Grundzüge des Gesellschaftsrechts, 14. Auflage, München 2006.

Krimphove, Dieter: HGB Basiswissen, 1. Auflage, Planegg 2002.

Krimphove, Dieter: Werberecht, 1. Auflage, Planegg 2004.

Lettl, Tobias: Wettbewerbsrecht, 1. Auflage, München 2009.

Maties, Martin/Wank, Rolf: Handels- und Gesellschaftsrecht, 2. Auflage, München 2011.

Paulus, Christoph G.: Insolvenzrecht, 3. Auflage, München 2017.

Preußler, Julia: Gesellschaftsrecht, 2. Auflage, Planegg 2006.

A. Handelsrecht
I. Einführung

Das Handelsrecht wird üblicherweise als das **Sonderprivatrecht der Kaufleute** definiert. Damit werden drei Aspekte angesprochen.

Zum einen ist das Handelsrecht Teil des **Privatrechts**. Es regelt somit die Rechtsbeziehungen von Rechtssubjekten auf der Basis der Gleichordnung. Allerdings sind im HGB auch öffentlich-rechtliche Regelungen enthalten, z.B. die Bestimmungen zum Handelsregister (§§ 8 ff. HGB) und zu den Handelsbüchern (§§ 238 ff. HGB).

Das Handelsrecht ist **Sonderprivatrecht**. Während das BGB das allgemeine Privatrecht regelt, enthält das Handelsrecht spezielle, vom BGB abweichende Vorschriften. Damit stellt das BGB die Grundlage dar, auf der das Handelsrecht aufbaut. Wenn das Handelsrecht anwendbar ist und vom BGB abweichende Regelungen enthält, verdrängt es das BGB (Art. 2 I EGHGB).

Schließlich ist das Handelsrecht das **Recht der Kaufleute**. Es kommt grundsätzlich nur dann zur Anwendung, wenn an einem Rechtsverhältnis mindestens einer der Beteiligten Kaufmann ist. Einzelne Regelungen, z.B. die Regelungen zum Handelsvertreter (§§ 84 ff. HGB) und zum Handelsmakler (§§ 93 ff. HGB), kommen allerdings auch dann zur Anwendung, wenn die betreffende Person kein Kaufmann ist (§ 84 IV HGB, § 93 III HGB).

Wichtigste Rechtsquelle des Handelsrechts ist das **HGB**. Neben dem Handelsgesetzbuch sind im Handelsrecht Nebengesetze des Handelsrechts sowie der Handelsbrauch von Bedeutung.

Das HGB ist ähnlich aufgebaut wie das BGB. Es besteht aus 5 Abschnitten, die als Bücher bezeichnet werden.

1. Buch	**Handelsstand**	Kaufmannseigenschaft, Handelsregister, Firma und kaufmännische Hilfspersonen
2. Buch	**Handelsgesellschaften**	OHG, KG und stille Gesellschaft
3. Buch	**Handelsbücher**	Rechnungslegungsvorschriften des HGB
4. Buch	**Handelsgeschäfte**	Besonderes Vertragsrecht der Kaufleute
5. Buch	**Seehandel**	Besondere Vorschriften zum Seehandel

Das erste und das vierte Buch des HGB stellen den Kernbereich des Handelsrechts dar. Sie bilden in der Folge den Schwerpunkt dieser Darstellung.

Auf das zweite Buch ist dann im Rahmen des Gesellschaftsrechts einzugehen.

Bezüglich der Regelungen zur Rechnungslegung nach dem dritten Buch sei auf die Literatur zur Buchführung und Bilanzierung verwiesen.

Da der im fünften Buch geregelte Seehandel für den Binnenhandel ohne Bedeutung ist, wird auch auf die Darstellung dieses Teils verzichtet.

Das HGB wird durch zahlreiche **Nebengesetze** ergänzt. Dazu zählen die speziellen Gesetze für besondere Rechtsformen der Unternehmen, vor allem das Aktiengesetz (AktG) und das Gesetz betreffend die Gesellschaften mit beschränkter Haftung (GmbHG), Gesetze zum Zahlungsverkehr wie das Scheck- und das Wechselgesetz sowie Gesetze im Bereich des Transportrechts, z.B. das Güterkraftverkehrsgesetz.

Der Handelsbrauch ist zwar keine Rechtsquelle i.e.S., aber nach § 346 HGB zwischen Kaufleuten bei der Auslegung von Geschäften zu berücksichtigen. Neben verschiedenen Klauseln (z.B. „ab Werk", fob[1]) zählt z.B. der Grundsatz, dass Schweigen auf ein kaufmännisches Bestätigungsschreiben als Zustimmung gilt, zum Handelsbrauch.

Das Handelsrecht ist durch spezielle Grundsätze gekennzeichnet, die teilweise von denen des BGB abweichen:

• Prinzip der Entgeltlichkeit (z.B. § 354 HGB)
• Verzicht auf bürgerlich-rechtliche Schutzvorschriften (z.B. §§ 348-350 HGB)
• Typisierung der Vertretung
• Transparenz geschäftlicher Verhältnisse (z.B. die Regelungen zum Handelsregister)
• Beschleunigung des Geschäftsverkehrs (z.B. die kaufmännische Rügepflicht § 377 HGB, Schweigen als Annahme § 362 HGB)

---

[1] Vgl. die vor allem die Incoterms (International Commercial Terms) der *ICC* (International Chamber of Commerce), aktuell Incoterms 2010 (7. Revision).

II. Grundlagen
1. Kaufmannseigenschaft
a) Istkaufmann

Die Anwendung des Handelsrechts setzt voraus, dass mindestens einer der Beteiligten an einem Rechtsgeschäft Kaufmann ist. Dabei ist zu beachten, dass der Begriff des Kaufmanns im Sinne des HGB vom umgangssprachlichen Kaufmannsbegriff (= Händler) abweicht.

Voraussetzung für die Kaufmannseigenschaft ist das **Betreiben eines Handelsgewerbes** (§ 1 I HGB). Ein Handelsgewerbe ist jedes Gewerbe, welches nach Art und Umfang einen in kaufmännischer Weise eingerichteten Geschäftsbetrieb erfordert (§ 1 II HGB).

Es muss somit zunächst ein **Gewerbe** betrieben werden. Der Begriff „Gewerbe" ist im HGB nicht definiert.

Der Gewerbebegriff im Sinne des HGB ist nach h.M. durch folgende Merkmale gekennzeichnet:[2]

• eine nach außen erkennbare, erlaubte und selbständige Tätigkeit
• die auf planmäßige Wiederholung angelegt ist und
• mit Gewinnerzielungsabsicht[3] betrieben wird.

Kein Gewerbe im handelsrechtlichen Sinne sind die wissenschaftliche und künstlerische sowie die freiberufliche Tätigkeit, z.B. der Ärzte, Rechtsanwälte und Steuerberater (vgl. insb. § 1 II PartGG).

Ein Gewerbe ist Handelsgewerbe nach § 1 II HGB, es sei denn, dass ein **in kaufmännischer Weise eingerichteter Geschäftsbetrieb** nicht erforderlich ist.

Ob ein in kaufmännischer Weise eingerichteter Geschäftsbetrieb erforderlich ist, hängt u.a. von folgenden Faktoren ab, wobei das Gesamtbild[4] des Unternehmens entscheidend ist:

• Umsatz und Gewinn
• Arbeitnehmerzahl
• Vielfalt der Erzeugnisse/Leistungen
• Art und Umfang der Geschäftsbeziehungen
• Herkunft und Höhe des Betriebsvermögens usw.

---

[2] Vgl. z.B. *BGH*, Urteil vom 16. März 2000 – VII ZR 324/99.
[3] Das Erfordernis der Gewinnerzielungsabsicht ist umstritten.
[4] Vgl. z.B. *OLG Dresden*, Urteil vom 26. April 2001 – 7 U 301/01.

Beispiel:
Ein Damenoberbekleidungsgeschäft mit einem Jahresumsatz von rund 230.000 DM (115.000 €), welches eine Vielzahl von Geschäftsvorgängen tätigt, ein Umlaufvermögen von ca. 102.000 DM (51.000 €) hat, teilweise Kreditverkäufe tätigt, erhebliche Lieferantenverbindlichkeiten hat und eine Filiale betreibt, benötigt unter Würdigung des Gesamtbilds einen in kaufmännischer Weise eingerichteten Geschäftsbetrieb.[5]

In Zweifelsfällen ist nach dem Wortlaut des Gesetzes („es sei denn") von einem in kaufmännischer Weise eingerichteten Geschäftsbetrieb auszugehen.

Die Kaufmannseigenschaft des Istkaufmanns entsteht mit Beginn der Tätigkeit, d.h. die Pflichteintragung ins Handelsregister (nach § 29 HGB) hat nur deklaratorische (rechtsanzeigende) Wirkung. Somit ist auch der (noch) nicht eingetragene Istkaufmann Kaufmann i.S.d. HGB.

b)   Kleingewerblicher Kannkaufmann

Gewerbetreibende, welche nach Art oder Umfang **keinen in kaufmännischer Weise eingerichteten Geschäftsbetrieb** benötigen („Kleingewerbe"), werden nicht von § 1 HGB erfasst.

Beispiele:
Handwerksbetriebe ohne oder mit wenigen Arbeitnehmern
Kleine, einfach strukturierte Einzelhandelsgeschäfte
Handelsvertreter

Der Kleingewerbetreibende ist nach § 2 S. 2 HGB berechtigt, nicht aber verpflichtet, sich im Handelsregister eintragen zu lassen. Sofern er von dieser Option Gebrauch macht, gilt er nach § 2 S. 1 HGB als Kaufmann. Die freiwillige Eintragung hat somit konstitutive (rechtsbegründende) Wirkung. Damit ist der nicht eingetragene Kleingewerbetreibende kein Kaufmann.

Der kleingewerbliche Unternehmer ist berechtigt, seine Eintragung im Handelsregister wieder löschen zu lassen, sofern nicht die Voraussetzungen des § 1 II HGB eingetreten sind (§ 2 S. 3 HGB).

---

[5]   *OLG Koblenz*, Urteil vom 07. April 1988 – 5 U 10/88.

c)   Land- und forstwirtschaftlicher Kannkaufmann

Wer ein land- oder forstwirtschaftliches Unternehmen betreibt, ist kein Istkaufmann, § 3 I HGB.

Landwirtschaft ist die Gewinnung von organischen Produkten durch Nutzung des Bodens. Forstwirtschaft ist die auf Holzgewinnung gerichtete Tätigkeit.

Der Land- oder Forstwirt ist berechtigt, nicht aber verpflichtet, sich im Handelsregister eintragen zu lassen, § 3 II HGB. Nur durch die Eintragung wird er zum Kaufmann, die Eintragung hat somit konstitutive Wirkung.

Wird ein in kaufmännischer Weise eingerichteter Geschäftsbetrieb benötigt, ist keine Löschungsoption gegeben, solange diese Voraussetzung erfüllt ist. Der Land- oder Forstwirt kann sich in diesem Fall nur aus dem Handelsregister löschen lassen, wenn er seinen Betrieb aufgibt oder das Niveau eines Kleingewerbetreibenden erreicht.

Dem land- bzw. forstwirtschaftlichen Unternehmen ist ein Nebengewerbe gleich gestellt, § 3 III HGB. Ein Nebengewerbe ist ein Gewerbebetrieb, der wirtschaftlich vom land- bzw. forstwirtschaftlichen Hauptbetrieb abhängig ist.

Beispiele:
Sägewerk, Molkerei, Getreidemühle

d)   Scheinkaufmann

Scheinkaufmann ist nach § 5 HGB bzw. nach h.M. im Sinne der Rechtsscheinhaftung, wer in zurechenbarer Weise gegenüber Dritten den Anschein erweckt, Kaufmann zu sein.

Nach § 5 HGB gilt derjenige Gewerbetreibende, der im Handelsregister eingetragen ist, ohne ein Handelsgewerbe zu betreiben, unwiderlegbar als Kaufmann. In Betracht kommen nur diejenigen, die nicht ohnehin schon nach §§ 1 bis 3 HGB Kaufleute sind. Insofern ist § 5 HGB nahezu bedeutungslos.

Der dem § 5 HGB zugrunde liegende Gedanke der Rechtsscheinhaftung kommt auch dann zur Anwendung, wenn gutgläubigen Dritten gegenüber in zurechenbarer Weise der Anschein erweckt wird, der Handelnde sei Kaufmann.[6]

---

[6] *BGH*, Urteil vom 11. März 1955 – I ZR 82/53.

Beispiel:
Friedrich Kleidsam betreibt ohne Angestellte und ohne Eintragung im Handels-
register ein kleines Textilhandelsgeschäft. Er benötigt keinen in kaufmännischer
Weise eingerichteten Geschäftsbetrieb. Er bestellt bei der Tuch AG Waren unter
Verwendung eines Bestellformulars in dem er sich als „Textilhandel Friedrich
Kleidsam e.K." bezeichnet.

Obwohl Kleidsam kein Kaufmann nach § 1 HGB oder § 2 HGB ist, muss er sich
der Tuch AG gegenüber als Kaufmann behandeln lassen, da er durch die Verwendung einer Firma i.S.d. § 17 HGB den Anschein erweckt, Kaufmann zu
sein.

e) Formkaufmann

Handelsgesellschaften sind Formkaufleute nach § 6 I HGB. Dabei ist zwischen
Kapitalgesellschaften, Genossenschaften und Personenhandelsgesellschaften zu
unterscheiden.

Für die Kapitalgesellschaften bestimmen die jeweiligen gesellschaftsrechtlichen
Vorschriften, dass es sich unabhängig vom Gegenstand des Unternehmens um
Handelsgesellschaften handelt und daraus folgend die Gesellschaften als juristi-
sche Personen die Kaufmannseigenschaft nach § 6 I, II HGB besitzen.

Erfasst werden insbesondere

• die Aktiengesellschaft (§ 3 I AktG),
• die Kommanditgesellschaft auf Aktien (§ 278 III AktG),
• die GmbH (13 III GmbHG) und
• die Societas Europaea, SE (Art. 10 SE-VO).

Beispiel:
Betreibt ein Steuerberater seine Kanzlei als Einzelunternehmen mit zahlreichen
Angestellten und einem erheblichen Jahresumsatz, ist er kein Istkaufmann nach
§ 1 HGB, da die freiberufliche Tätigkeit des Steuerberaters kein Gewerbe und
somit kein Handelsgewerbe nach § 1 HGB ist. Wird die Kanzlei jedoch in der
Rechtsform einer GmbH betrieben, hat diese die Kaufmannseigenschaft nach §
6 I, II HGB i.V.m. § 13 III GmbHG.

Die eingetragene Genossenschaft ist keine Kapitalgesellschaft, gilt aber nach §
17 II GenG als Kaufmann.

Personenhandelsgesellschaften sind die offene Handelsgesellschaft (OHG) und die Kommanditgesellschaft (KG), nicht jedoch die Gesellschaft bürgerlichen Rechts (GbR) oder die Partnerschaftsgesellschaft.

Da nach den §§ 105 I, 161 I HGB für das Vorliegen einer OHG bzw. KG das Betreiben eines Handelsgewerbes bereits vorausgesetzt wird, ergibt sich die Kaufmannseigenschaft der Personenhandelsgesellschaften aus den §§ 1, 2 HGB, so dass dem § 6 I HGB nur geringe Bedeutung zukommt.

Bezüglich der Gesellschafter einer Personenhandelsgesellschaft gilt, dass der persönlich haftende Gesellschafter als Kaufmann gilt, nicht jedoch der Kommanditist.[7]

Einen Überblick über die Kaufmannseigenschaft gibt folgende Übersicht:[8]

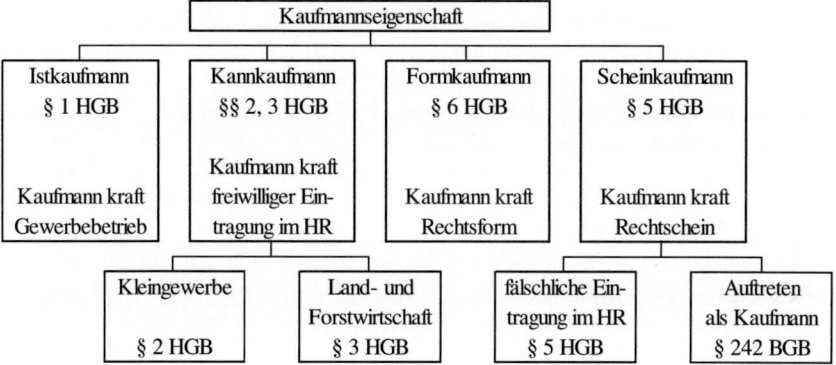

[7] *BGH*, Urteil vom 2. Juni 1966 – VII ZR 292/64.
[8] Abbildung in Anlehnung an: *Klunzinger, Eugen*: Grundzüge des Handelsrechts, 13. Auflage, München 2006, S. 45.

2. Handelsregister

Das Handelsregister ist ein von den Amtsgerichten (§ 23a GVG) elektronisch geführtes Register (§ 8 HGB), in das Kaufleute mit ihrer Firma einzutragen sind (§ 29 HGB). Das Handelsregister dient dem Zweck, die für Geschäftspartner bedeutsamen Tatsachen öffentlich zu machen.

Das Handelsregister ist in zwei Abteilungen eingeteilt: In Abteilung A werden Einzelunternehmen und Personengesellschaften, in Abteilung B Kapitalgesellschaften eingetragen (§ 3 HRV).

Das Handelsregister ist ein öffentliches Register, in welches jeder Einsicht nehmen kann (§ 9 HGB). Der Zugang erfolgt über das Internetportal[9] bzw. über das elektronische Unternehmensregister (§ 8b HGB)[10]. Die Eintragungen in das Handelsregister werden elektronisch bekannt gemacht (§ 10 HGB)[11].

Das Gesetz regelt Tatsachen, die im Handelsregister eintragungspflichtig (z.B. §§ 29, 31, 53 HGB) bzw. eintragungsfähig (z.B. §§ 2, 3 HGB) sind. Nicht im Gesetz genannte Tatsachen sind nicht eintragungsfähig.

Im Handelsregister einzutragende Tatsachen sind elektronisch in öffentlich beglaubigter Form einzureichen (§ 12 HGB).

Erfolgt eine Pflichteintragung nicht, so kann vom Registergericht ein Zwangsgeld von bis zu 5.000 € verhängt werden (§ 14 HGB).

Ist eine eintragungspflichtige Tatsache nicht im Handelsregister eingetragen, so gilt sie als nicht bekannt (**negative Publizität** § 15 I HGB), es sei denn, dem Dritten war die Tatsache bekannt.

Ist eine Tatsache jedoch eingetragen und bekannt gemacht, so gilt sie als allgemein bekannt, § 15 II HGB. Dies gilt nicht, wenn der Dritte während der 15-tägigen Schonfrist seine Unkenntnis beweisen kann.

Beispiel:
Der im Handelsregister eingetragene Teppichgroßhändler Berber teilt am 15. März seinem Prokuristen Pape wegen zunehmender Meinungsverschiedenheiten mit: „Ich entziehe Ihnen hiermit die Prokura". Am 20. März wird der Widerruf der Prokura im Handelsregister eingetragen. Am 22. März erfolgt die Veröffentlichung.

---

[9] http://www.handelsregister.de.
[10] http://www.unternehmensregister.de.
[11] http://www.registerbekanntmachungen.de.

Am 12. April stellt der Teppichfabrikant Lustig bei gleichzeitiger Lieferung dem Berber 2 Teppiche in Rechnung, die Pape noch am 19. März unter Berufung auf seine Prokura bei Lustig bestellt hatte.

Da der Widerruf der Prokura nach § 53 II HGB eine im Handelsregister eintragungspflichtige Tatsache ist, die zum Zeitpunkt der Bestellung noch nicht im Handelsregister eingetragen war, gilt die Prokura dem Dritten gegenüber als fortbestehend (§ 15 I HGB). Damit ist der Kaufvertrag Berber gegenüber wirksam (§§ 164 I BGB, 49 I HGB). Hätte Berber dem Lustig den Entzug der Prokura jedoch mitgeteilt, könnte sich Lustig nicht auf die Prokura berufen.

Eine unrichtig bekannt gemachte eintragungspflichtige Tatsache gilt gutgläubigen Dritten gegenüber als richtig (**positive Publizität** § 15 III HGB).

Sowohl im Fall des § 15 I HGB als auch des § 15 III HGB gilt im übrigen nach h.M., dass sich der Dritte nach seiner Wahl auf die Geltung oder Nichtgeltung der Tatsache berufen kann („Rosinentheorie"). [12]

Folgende Übersicht zeigt die Wirkungen der Publizität des Handelsregisters: [13]

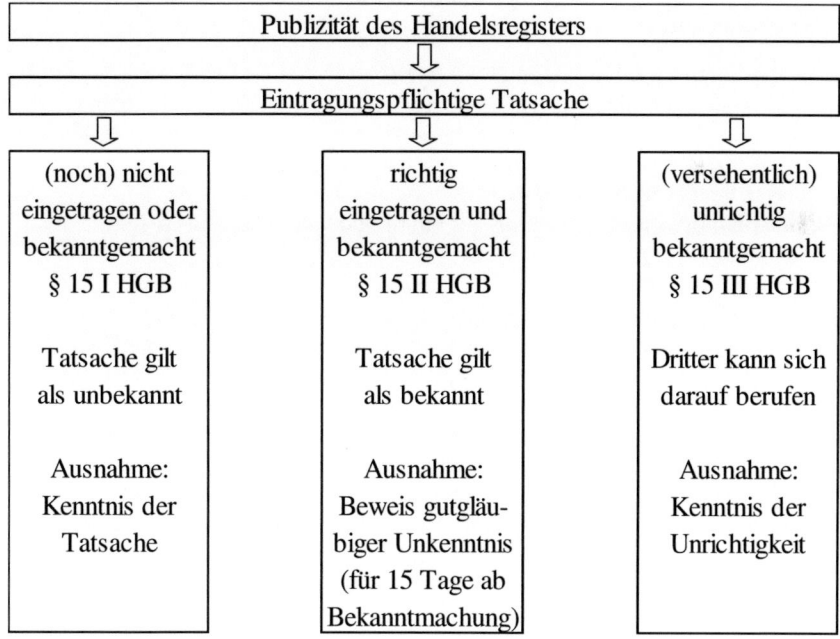

Publizität des Handelsregisters		
⇩		
Eintragungspflichtige Tatsache		
⇩	⇩	⇩
(noch) nicht eingetragen oder bekanntgemacht § 15 I HGB	richtig eingetragen und bekanntgemacht § 15 II HGB	(versehentlich) unrichtig bekanntgemacht § 15 III HGB
Tatsache gilt als unbekannt	Tatsache gilt als bekannt	Dritter kann sich darauf berufen
Ausnahme: Kenntnis der Tatsache	Ausnahme: Beweis gutgläubiger Unkenntnis (für 15 Tage ab Bekanntmachung)	Ausnahme: Kenntnis der Unrichtigkeit

---

[12] Vgl. z.B. *BGH*, Urteil vom 1. Dezember 1975 – II ZR 62/75.
[13] Abbildung in Anlehnung an: *Klunzinger, Eugen*: Grundzüge des Handelsrechts, 13. Auflage, München 2006, S. 167.

3. Firma

Die Firma ist der Name, unter dem der Kaufmann seine Geschäfte betreibt, die Unterschrift abgibt, klagen und verklagt werden kann (§ 17 HGB). Folglich kann nur ein Kaufmann eine Firma führen. Zwischen Unternehmen und Firma ist strikt zu trennen.

Das Firmenrecht gehört zum Kennzeichnungsrecht. Um dem Kennzeichnungscharakter Rechnung zu tragen, muss die Firma bestimmten Mindestanforderungen genügen.

• Sie muss zur Kennzeichnung geeignet sein § 18 I HGB
Zur Kennzeichnung geeignet sind artikulierbare Kombinationen von Buchstaben oder Zahlen.[14] Ausgeschlossen sind Bildzeichen, etwa ein @[15] oder ausschließlich Ziffern.[16]

• Sie muss Unterscheidungskraft besitzen § 18 I HGB
Unterscheidungskraft besitzt die Firma, wenn sie den Kaufmann von anderen Unternehmen unterscheiden und das Unternehmen hinreichend individualisieren kann. Ausgeschlossen sind mangels hinreichender Individualität z.b. reine Gattungsbegriffe.

• Sie darf nicht irreführend sein § 18 II HGB
Werden die angesprochenen Verkehrskreise über geschäftliche Verhältnisse getäuscht, ist die Firma unzulässig. Eine Irreführung kommt z.b. bezüglich

- der geographischen Herkunft
  Beispiel: der Zusatz „Hanseat" für ein in Süddeutschland ansässiges Unternehmen
- der Art des Unternehmens
  Beispiel: Der Firmenname „Dolmetscher-Institut e. K." ist geeignet, über wesentliche geschäftliche Verhältnisse der Firma irrezuführen, weil sich der gewerbliche Charakter des „Instituts" nicht hinreichend deutlich ergibt.[17]
- der Qualifikation des Inhabers oder von Gesellschaftern
  Beispiel: die Verwendung eines Doktortitels, wenn kein maßgeblich mitbestimmender Gesellschafter promoviert ist[18]
- der Unternehmensgröße
  Beispiel: der Bestandteil „Fabrik" für einen kleinen handwerklichen Betrieb

in Betracht.

---

[14] *BGH*, Beschluss vom 8. Dezember 2008 – II ZB 46/07.
[15] *BayObLG*, Beschluss vom 4. April 2001 – 3Z BR 84/01; a.A. *LG München I*, Beschluss vom 15. Dezember 2008 – 17 HKT 920/09.
[16] *KG Berlin*, Beschluss vom 17. Mai 2013 – 12 W 51/13.
[17] *OLG Düsseldorf*, Beschluss vom 16. April 2004 – I-3 Wx 107/04.
[18] *OLG Köln*, Beschluss vom 12. März 2008 – 2 Wx 5/08.

Die Firma kann im Rahmen des § 18 HGB gebildet werden als:

• Personenfirma, d.h. dem/den Namen des/der Unternehmer(s)
  Beispiele: Robert Bosch GmbH, Siemens AG

• Sachfirma, d.h. Gegenstand des Unternehmens
  Beispiele: Bayrische Motorenwerke AG, Deutsche Bank AG

• Phantasiebezeichnung
  Beispiel: Infineon Technologies AG

Die Firma muss, auch bei Firmenfortführung, in Abhängigkeit von der Rechtsform bestimmte **Zusätze** enthalten:

• **Einzelunternehmen** (§ 19 I Nr. 1 HGB)
- eingetragener Kaufmann / eingetragene Kauffrau
- e. Kfm. / e. Kfr.
- e. K.

• **Offene Handelsgesellschaft** (§ 19 I Nr. 2 HGB)
- offene Handelsgesellschaft
- eine allgemein verständliche Abkürzung (z.b. oHG, OHG)

• **Kommanditgesellschaft** (§ 19 I Nr. 3 HGB)
- Kommanditgesellschaft
- eine allgemein verständliche Abkürzung (z.b. KG)

• **GmbH** (§ 4 GmbHG)
- Gesellschaft mit beschränkter Haftung
- eine allgemein verständliche Abkürzung (insbesondere GmbH, mbH)

• **Unternehmergesellschaft** (§ 5a GmbHG)
- Unternehmergesellschaft (haftungsbeschränkt)
- UG (haftungsbeschränkt)

• **Aktiengesellschaft** (§ 4 AktG)
- Aktiengesellschaft
- eine allgemein verständliche Abkürzung (insbesondere AG)

• **Genossenschaft** (§ 3 GenG)
- eingetragene Genossenschaft
- eG

Mangels Kaufmannseigenschaft hat die **Partnerschaftsgesellschaft** zwar keine Firma, es besteht jedoch die Pflicht, einen Namen zu führen, auf den die firmenrechtlichen Vorschriften zum Teil anzuwenden sind (§ 2 II PartGG). Der Name muss den Namen mindestens eines Gesellschafters, die Berufsbezeichnungen und den Zusatz „und Partner" oder „Partnerschaft" enthalten (§ 2 I PartGG). Die Partnerschaft mit beschränkter Berufshaftung muss zudem den Zusatz „mit beschränkter Berufshaftung" oder die Abkürzung „mbB" o.ä. verwenden (§ 8 IV S. 3 PartGG). Der Zusatz „und Partner" darf nur von einer Partnerschaftsgesellschaft geführt werden (§ 11 PartGG).

Nach dem Prinzip der **Firmenausschließlichkeit** muss sich jede neue Firma von allen am gleichen Ort eingetragenen Firmen deutlich unterscheiden, es gilt der Vorrang des Ersteingetragenen (§ 30 HGB).

Gebraucht ein Kaufmann eine Firma unter Verstoß **gegen die genannten Vorschriften**, kann er gemäß § 37 I HGB vom Registergericht auf Unterlassung des Gebrauchs der Firma durch Festsetzung von Ordnungsgeld angehalten werden. Andere Kaufleute können ihn gemäß § 37 II HGB gerichtlich auf Unterlassung in Anspruch nehmen. Daneben kommen Ansprüche aus dem Namensrecht (§§ 12, 823, 1004 BGB), aus dem Markenrecht (§§ 5, 15 MarkenG) oder aus dem Recht des unlauteren Wettbewerbs (§§ 3, 5, 8 UWG) in Betracht.

Die einmal gewählte Firma kann unter bestimmten Voraussetzungen auch dann weitergeführt werden, wenn eine in der Firma genannte Person nicht mehr Inhaber bzw. Gesellschafter ist. Ändert der Firmeninhaber oder einer der in der Firma genannten Personen ihren Namen, so ist eine Fortführung der Firma uneingeschränkt möglich (§ 21 HGB).

Auch beim Eintritt oder Ausscheiden eines Gesellschafters kann die Firma fortgeführt werden, wobei im Falle des Ausscheidens eines Gesellschafters die Firmenfortführung zustimmungsbedürftig ist (§ 24 HGB), wenn der Ausscheidende namentlich in der Firma genannt wird.

Die Firmenfortführung ist ebenfalls beim Erwerb eines Handelsgeschäftes mit Zustimmung des bisherigen Inhabers bzw. dessen Erben möglich (§ 22 HGB), wobei der neue Inhaber für alle alten Verbindlichkeiten haftet (§ 25 I HGB), es sei denn, eine abweichende Vereinbarung wird ins Handelsregister eingetragen (§ 25 II HGB). Neben dem Erwerber haftet der Veräußerer nach § 26 HGB.

Eine weitgehend inhaltsgleiche Regelung enthält § 28 I, II HGB für den Fall, dass in das Unternehmen eines Einzelunternehmens ein persönlich haftender Gesellschafter aufgenommen wird.

Bei Änderung der Rechtsform ist in jedem Fall der rechtsformspezifische Zusatz zu ändern.

Beispiel:
Tritt in ein kaufmännisches Einzelunternehmen ein Gesellschafter ein, entsteht – je nach vereinbarter Haftung – eine OHG oder KG. Folglich muss in der Firma der Zusatz e.K. gestrichen und statt dessen der für die OHG bzw. KG erforderliche Zusatz aufgenommen werden.

Kaufleute sind verpflichtet, auf allen **Geschäftsbriefen** ihre Firma, den Ort der Niederlassung sowie das Gericht und die Nummer ihrer Handelsregistereintragung anzugeben (§§ 37a, 125a, 177a HGB). Bei Kapitalgesellschaften sind zusätzliche Angaben vorgeschrieben, so z.b. bei einer GmbH Rechtsform, Sitz und alle Geschäftsführer (§ 35a GmbHG). Diese Pflichtangaben gelten unabhängig von der Form der Geschäftsbriefe, also auch z.b. für **geschäftliche E-Mails**.

4. Kaufmännische Hilfspersonen
a) Prokura und Handlungsvollmacht

Die Angestellten des Kaufmanns werden als unselbständige kaufmännische Hilfspersonen bezeichnet. In Betracht kommen Personen mit besonderen handelsrechtlichen Vollmachten (Prokurist und Handlungsbevollmächtigter) sowie der Handlungsgehilfe (kaufmännischer Angestellter, §§ 59 ff. HGB, diese Regelungen gehören ins Arbeitsrecht[19]).

Im HGB sind zwei spezielle handelsrechtliche Vollmachten, die Prokura und die Handlungsvollmacht, geregelt. Diese unterliegen grundsätzlich den Vorschriften des BGB zur Vollmacht. Die handelsrechtlichen Vollmachten unterscheiden sich aber von den Regelungen der Vollmacht nach den §§ 164 ff. BGB in zwei wesentlichen Punkten:

• Typisierung der Vollmacht mit gesetzlich geregeltem Umfang
• keine zwingende Auswirkung von Mängeln im Innenverhältnis auf das Außenverhältnis

Die **Prokura** als bedeutende handelsrechtliche Vollmacht kann nur vom Kaufmann per ausdrücklicher Erklärung erteilt werden (§ 48 I HGB). Die Erteilung der Prokura ist zur Eintragung in das Handelsregister anzumelden (§ 53 I HGB).

---

[19] Zu den Einzelheiten sei auf die Literatur zum Arbeitsrecht, z.B. *Völker, Lutz*: Arbeits- und Sozialversicherungsrecht kompakt, 3. Auflage, Norderstedt 2013, verwiesen.

Die Prokura kann einer Einzelperson oder mehreren Personen gemeinschaftlich (Gesamtprokura, § 48 II HGB) erteilt werden. In diesem Fall ist auch die Erteilung als Gesamtprokura eintragungspflichtig (§ 53 I S. 2 HGB). Eine Beschränkung auf eine Niederlassung ist zulässig, wenn diese eine eigene Firma führt (Filialprokura, § 50 III HGB).

Die Prokura berechtigt zu **allen gerichtlichen und außergerichtlichen Geschäften und Rechtshandlungen, die ein Handelsgewerbe mit sich bringt** (§ 49 I HGB). Nicht zum Umfang der Prokura gehören insbesondere:

• die Veräußerung und Belastung von Grundstücken § 49 II HGB
• die Erteilung der Prokura § 48 I HGB
• das Unterschreiben des Jahresabschlusses § 245 HGB
• die Veräußerung des Betriebes
• die Insolvenzanmeldung.

Weitere Beschränkungen des Umfangs der Prokura sind Dritten gegenüber unwirksam (§ 50 I HGB).

Beispiel:
Der Inhaber eines im Handelsregister eingetragenen Unternehmens erteilt einem langjährigen Mitarbeiter Prokura. Gleichzeitig erteilt er ihm die Weisung, Verträge mit einem Auftragswert von über 25.000 € nur nach vorheriger Genehmigung zu tätigen. Der Prokurist schließt gleichwohl einen Vertrag über 40.000 € im Namen des Unternehmens ab.
Das Unternehmen ist nach § 164 I BGB i.V.m. §§ 49 I, 50 I HGB an den Vertrag gebunden, da der Prokurist im Rahmen seiner gesetzlichen Vertretungsmacht gehandelt hat und die umfangsmäßige Beschränkung Dritten gegenüber unwirksam ist. Davon unberührt bleibt eine evtl. Schadensersatzpflicht im Innenverhältnis nach § 280 I BGB.

Ausnahmsweise kann eine Überschreitung der vom Inhaber vorgenommenen Beschränkungen auch zur Unwirksamkeit des Rechtsgeschäfts im Außenverhältnis wegen Sittenwidrigkeit nach § 138 I BGB führen. Davon ist auszugehen, wenn der Prokurist und der Dritte bewusst zum Nachteil des Kaufmanns zusammenwirken („Kollusion"). Das gleiche gilt im Fall des offenkundigen Missbrauchs der Prokura, d.h. wenn der Dritte den Missbrauch erkannte oder nur aufgrund grober Fahrlässigkeit nicht erkannte.

Der Widerruf einer Prokura kann jederzeit erfolgen (§ 52 I HGB). Das Erlöschen der Prokura ist in das Handelsregister einzutragen (§ 53 II HGB). Solange der Widerruf noch nicht im Handelsregister eingetragen und bekannt gemacht worden ist, gilt die Prokura gegenüber gutgläubigen Dritten als fortbestehend (§ 15 I HGB).

Die **Handlungsvollmacht** als weniger weitgehende Vollmacht kann von Kaufleuten sowie deren Bevollmächtigten ausdrücklich oder stillschweigend erteilt werden. Für die Erteilung gelten die allgemeinen Regelungen des Vertretungsrechts (§ 167 BGB). Eine Eintragung im Handelsregister ist nicht möglich.

Sie berechtigt zu **Geschäften und Rechtshandlungen, die der Betrieb eines derartigen Handelsgewerbes oder die Vornahme derartiger Geschäfte gewöhnlich** mit sich bringt (§ 54 I HGB). Im Gegensatz zur Prokura sind dem Handlungsbevollmächtigten somit ungewöhnliche oder branchenfremde Geschäfte nicht gestattet.

Beispiel:
Der Kauf von Motorbooten ist für einen KFZ-Händler ein branchenuntypisches Geschäft, welches ein Handlungsbevollmächtigter gemäß § 54 I HGB nicht tätigen darf.

Nicht zu diesem Umfang gehören neben den Beschränkungen der Prokura insbesondere (§ 54 II HGB):

• das Eingehen von Wechselverbindlichkeiten
• die Aufnahme von Darlehen
• die Prozessführung

Weitere Beschränkungen der Handlungsvollmacht sind Dritten gegenüber nur wirksam, wenn dieser sie kannte oder kennen musste (§ 54 III HGB).

Beispiel:
Den Lieferanten eines Unternehmens wird mitgeteilt, dass der Einkäufer Herr Kaufmann Verträge bis zu einem Umfang von 10.000 € eigenständig abschließen darf. Wenn der Einkäufer mit einem der informierten Lieferanten einen Vertrag über 20.000 € abschließt, ist der Vertrag nach § 177 I BGB schwebend unwirksam, da dem Lieferanten die Beschränkung der Handlungsvollmacht bekannt war.

Besonders geregelt ist die **Ladenvollmacht** (§ 56 HGB). Ein Ladenangestellter gilt danach als ermächtigt zu solchen Verkäufen und Empfangnahmen, die für einen derartigen Laden gewöhnlich sind.

Beispiel:
Der in einem Lebensmittelgeschäft angestellte Verkäufer kann Lebensmittel verkaufen, nicht jedoch die Kühltheke.

Eine Gegenüberstellung von Prokura und Handlungsvollmacht zeigt folgende Abbildung[20].

---

[20] Abbildung in Anlehnung an: *Klunzinger, Eugen*: Grundzüge des Handelsrechts, 13. Auflage, München 2006, S. 76.

Prokura und Handlungsvollmacht

	Prokura	Handlungsvollmacht
Erteilung	Ausdrücklich durch Inhaber oder gesetzl. Vertreter Eintrag ins HR	Ausdrücklich oder stillschweigend durch Inhaber oder Vertreter Kein Eintrag ins HR
Umfang positiv	Alle Geschäfte und Rechtshandlungen, die ein Handelsgewerbe mit sich bringt. (gerichtlich und außergerichtlich)	Alle Geschäfte und Rechtshandlungen, die ein *derartiges* Handelsgewerbe oder die Vornahme derartiger Geschäfte *gewöhnlich* mit sich bringt
Umfang negativ	Belastung/Veräußerung von Grundstücken, grundsätzliche Handlungen, dem Inhaber vorbehaltene Handlungen	Beschränkungen der Prokura, Wechselverbindlichkeiten, Darlehensaufnahme, Prozessführung
Beschränkungen im Umfang	gegenüber Dritten unwirksam	gegenüber Dritten nur bei Kenntnis wirksam
Arten	Einzelprokura Gesamtprokura Filialprokura	Allg. Handlungsvollmacht Art-Handlungsvollmacht Einzel-Handlungsvollmacht
Zeichnung	*ppa. Pape*	*i. V. Maier*

b) Handelsvertreter und Handelsmakler

Diejenigen Personen, die in die Absatzorganisation eines Kaufmannes eingebunden sind, ohne Angestellten zu sein, werden als **selbständige kaufmännische Hilfspersonen** bezeichnet. Hierzu zählen vor allem der Handelsvertreter und der Handelsmakler, i.w.S. auch der Kommissionär[21] sowie einige moderne „Absatzvertreter" (vor allem Vertragshändler und Franchisenehmer). Einen Überblick der kaufmännischen Hilfspersonen i.w.S. zeigt die Übersicht[22] auf der folgenden Seite.

Handelsvertreter ist nach § 84 I S. 1 HGB, wer als selbständig Gewerbetreibender ständig für einen Anderen Geschäfte vermittelt oder abschließt. Selbständigkeit erfordert weitgehende Zeit- und Weisungsfreiheit (§ 84 I S. 2 HGB). Das Handelsvertreterrecht kommt auch zur Anwendung, wenn der Vertreter ein nicht im Handelsregister eingetragenes Kleingewerbe betreibt (§ 84 IV HGB).

Beim Handelsvertreter ist zwischen dem Vermittlungsvertreter, der nur Verträge vermittelt, und dem Abschlussvertreter, der im Rahmen seiner Vollmacht (§ 55 HGB) Verträge im Namen des Unternehmers abschließt, zu unterscheiden.

Der Handelsvertreter hat gemäß § 86 HGB die Interessen des Unternehmers, für den er tätig ist, wahrzunehmen, sich um Geschäftsabschlüsse zu bemühen und dem Unternehmer Mitteilung über jedes vermittelte oder abgeschlossene Geschäft zu machen. Nach § 90 HGB unterliegt der Handelsvertreter der Verschwiegenheitspflicht. Mit dem Handelsvertreter kann ein Wettbewerbsverbot für die Zeit nach Vertragsbeendigung vereinbart werden. (§ 90a HGB).

Der Handelsvertreter hat für seine Tätigkeit einen Provisionsanspruch nach Maßgabe der §§ 87 ff. HGB für alle Geschäfte, die auf seine Tätigkeit zurückzuführen sind, soweit und sobald das Geschäft zustande kommt. Weiterhin hat er Anspruch auf Unterstützung nach § 86a HGB (z.B. zur Verfügung stellen notwendiger Unterlagen).

Das Vertragsverhältnis endet, sofern auf unbestimmte Zeit eingegangen, durch Kündigung. Bei einer ordentlichen Kündigung sind folgende Kündigungsfristen (§ 89 HGB) einzuhalten:

im ersten Jahr:	1 Monat
im zweiten Jahr:	2 Monate
im 3. bis 5. Jahr:	3 Monate
danach:	6 Monate

---

[21] Zu den Einzelheiten vgl. Kapitel A.III.3.a).
[22] In Anlehnung an: *Klunzinger, Eugen*: Grundzüge des Handelsrechts, 13. Auflage, München 2006, S. 102.

Selbständige Hilfspersonen des Kaufmanns (i.w.S.)		
Art	Wesen	Rechtsgrundlage
Handelsvertreter	selbständige Vermittlung oder Abschluss von Geschäften in fremdem Namen bei ständiger Betrauung durch einen Unternehmer	§§ 84 ff. HGB
Handelsmakler	selbständige Vermittlung von Geschäften ohne ständige Betrauung	§§ 93 ff. HGB
Kommissionär	An- oder Verkauf von Waren oder Wertpapieren in eigenem Namen auf fremde Rechnung	§§ 383 ff. HGB
	bei uneigentlicher Kommission auch andere Geschäfte bzw. durch andere Personen	§ 406 HGB
Vertragshändler	Vertrieb von Waren eines Herstellers in eigenem Namen auf eigene Rechnung bei gleichzeitiger organisatorischer Eingliederung in die Verkaufsorganisation des Herstellers	keine konkrete gesetzliche Regelung, teilweise Anwendung §§ 84 ff. HGB
Franchisenehmer	Vertrieb von Waren oder Dienstleistungen unter der Marke des Franchisegebers auf eigene Rechnung bei gleichzeitiger starker Eingliederung in die Organisation des Franchisegebers	wie Vertragshändler

Bei schwerwiegenden Pflichtverletzungen kann auch eine außerordentliche (i.d.R. fristlose) Kündigung erfolgen (§ 89a HGB).

Im Falle der Beendigung hat der Handelsvertreter ggf. einen Ausgleichsanspruch nach § 89b HGB.

Handelsmakler ist gemäß § 93 I HGB, wer als selbständig Gewerbetreibender für Andere Verträge über Gegenstände des Handelsrechts vermittelt, ohne ständig für einen bestimmten Unternehmer tätig zu sein.

Das Handelsmaklerrecht kommt auch zur Anwendung, wenn der Makler ein nicht im Handelsregister eingetragenes Kleingewerbe betreibt (§ 93 III HGB). Ins Handelsrecht fallen insbesondere Waren-, Börsen- und Finanzmakler, nicht aber Immobilienmakler (§ 93 II HGB).

Der Handelsmakler ist als zwischen den Parteien stehende Person grundsätzlich beiden Parteien verpflichtet. Er muss beiden Parteien nach Geschäftsabschluss eine von ihm unterzeichnete „Schlussnote" zustellen, welche Angaben über die Vertragsparteien, den Gegenstand und die Bedingungen des Geschäftes enthält (§ 94 HGB). Er haftet nach § 98 HGB bei Verschulden beiden Parteien gegenüber auf Schadensersatz.

Weiterhin ist er verpflichtet, über die getätigten Abschlüsse Buch zu führen („Tagebuch", § 100 HGB).

Für seine Tätigkeit hat der Makler Anspruch auf Maklerlohn, wenn es zum Vertragsabschluss kommt. Mangels anderer Vereinbarung haben gemäß § 99 HGB beide Vertragsparteien den Maklerlohn je zur Hälfte zu entrichten. Damit sind sämtliche Ansprüche des Maklers abgegolten, sofern keine anderen Festlegungen getroffen wurden.

III. Handelsgeschäfte
1. Allgemeine Vorschriften

Das 4. Buch des HGB enthält allgemeine Vorschriften zu Handelsgeschäften und regelt einzelne Handelsgeschäfte. Es beinhaltet das **besondere Vertragsrecht der Kaufleute**. Dabei ist zweierlei zu beachten. Zum einen modifiziert das HGB das allgemeine Vertragsrecht des BGB nur punktuell, die Regelungen des BGB sind – soweit das HGB keine abweichenden Vorschriften enthält – auch für Kaufleute maßgeblich. Zum zweiten sind eine Reihe von speziellen Handelsgeschäften außerhalb des HGB, z.b. im Versicherungsvertragsgesetz (VVG), geregelt. Weitere Verträge, wie der Franchisevertrag, sind gesetzlich überhaupt nicht geregelt.

Ein Handelsgeschäft liegt vor, wenn ein Rechtsgeschäft durch einen **Kaufmann** abgeschlossen wird und **zum Betrieb seines Handelsgewerbes** gehört (§ 343 HGB). Dabei wird von der widerlegbaren **Vermutung** ausgegangen, dass alle vom Kaufmann abgeschlossenen Rechtsgeschäfte zu seinem Handelsgewerbe gehören, er also im Zweifel das Gegenteil beweisen muss (§ 344 HGB).

Bei den Handelsgeschäften ist zwischen **einseitigen** (nur eine Partei ist Kaufmann) und **zweiseitigen** (beide Parteien sind Kaufleute) zu unterscheiden. Sofern das HGB nicht ausdrücklich etwas anderes regelt, gelten die Vorschriften über die Handelsgeschäfte auch bei einseitigen Handelsgeschäften für beide Parteien (§ 345 HGB).

Für Handelsgeschäfte gelten eine Reihe von Sondervorschriften, in denen vom BGB abgewichen wird:

• Berücksichtigung des **Handelsbrauch**s unter Kaufleuten § 346 HGB
  Beispiel: der Grundsatz über das kaufmännische Bestätigungsschreiben (s.u.)

• Kaufmännische **Sorgfaltspflicht** § 347 HGB
  Für Kaufleute wird als objektiver Verschuldensmaßstab auf die „Sorgfalt eines ordentlichen Kaufmanns" abgestellt. Die Vorschrift hat im Verhältnis zu § 276 BGB lediglich klarstellende Funktion.

• Keine Herabsetzung der **Vertragsstrafe** von Amts wegen § 348 HGB

• Keine Einrede der Vorausklage bei der **Bürgschaft** § 349 HGB

• **Formfreiheit** bei Bürgschaft, Schuldversprechen und -anerkenntnis § 350 HGB

- Der gesetzliche **Zinssatz** beträgt mit Ausnahme der Verzugszinsen 5% (§ 352 HGB) und Zinsen werden bereits **ab Fälligkeit** geschuldet (§ 353 HGB).

- **Schweigen** auf einen Antrag zum Abschluss eines Geschäftsbesorgungsvertrags zählt **als Zustimmung**, wenn zwei Kaufleute in ständigen Geschäftsbeziehungen stehen, die Geschäftsbesorgungen zum Inhalt haben (§ 362 HGB, s.u.).

- Für den **gutgläubigen Eigentumserwerb** genügt der gute Glaube an die Veräußerungsbefugnis § 366 HGB.

- **Erweitertes** (kaufmännisches) **Zurückbehaltungsrecht** §§ 369, 371 HGB Für zweiseitige Handelsgeschäfte wird das Zurückbehaltungsrecht nach §§ 273, 320 BGB dahingehend erweitert, dass keine Konnexität erforderlich ist (d.h. Leistung und Gegenleistung können aus unterschiedlichen Handelsgeschäften resultieren) und eine Befriedigung aus dem Gegenstand erfolgen kann. Voraussetzung ist, beide Forderungen aus beiderseitigen Handelsgeschäften resultieren und eine bewegliche Sache des Schuldners zurückbehalten wird, die mit Willen des Schuldners aufgrund eines Handelsgeschäfts in den Besitz des Gläubigers gelangt ist.

2.   Schweigen als Willenserklärung

Im bürgerlichen Recht gilt Schweigen i.d.R. nicht als Willenserklärung, d.h. es zieht keine direkten Rechtsfolgen nach sich. Von dieser Regel gibt es **zwei** wichtige **handelsrechtliche Ausnahmen**: Den Grundsatz über das kaufmännische Bestätigungsschreiben sowie § 362 HGB.

Nach § 362 I HGB gilt **Schweigen auf ein Vertragsangebot** unter bestimmten Voraussetzungen als Zustimmung.

Dazu muss ein Kaufmann, dessen Gewerbebetrieb die Besorgung von Geschäften für andere mit sich bringt, einen Auftrag von jemanden erteilt bekommen, mit dem er in Geschäftsbeziehung steht. Gleiches gilt, wenn der Kaufmann einen Antrag von jemanden erhält, demgegenüber er sich zur Besorgung solcher Geschäfte erboten hat.

Der **Grundsatz über das kaufmännische Bestätigungsschreiben** ist im HGB nicht kodifiziert, vielmehr handelt es sich um einen gewohnheitsrechtlichen Grundsatz (Handelsbrauch § 346 HGB).

Der Anwendungsbereich ist problemlos eröffnet, wenn beide Beteiligten Kaufleute sind. Nach h.M. reicht es jedoch auch aus, wenn die Beteiligten unternehmerisch am Wirtschaftsleben teilnehmen, wie z.b. Freiberufler.

Voraussetzung ist zunächst, dass zwischen den Beteiligten mündliche oder telefonische Vertragsverhandlungen geführt wurden, die zumindest nach Auffassung des Absenders zu einem Vertragsabschluss geführt haben. Im Bestätigungsschreiben bestätigt der Absender den nach seiner Auffassung vereinbarten Vertragsinhalt. Das Bestätigungsschreiben muss dem Empfänger in engem zeitlichen Zusammenhang mit den Vertragsverhandlungen zugehen. Schließlich darf der Empfänger nicht unverzüglich (§ 121 BGB) widersprechen. Sind diese Voraussetzungen erfüllt, kommt ein Vertrag mit dem Inhalt des Bestätigungsschreibens zustande.

Diese Rechtsfolge tritt nach § 242 BGB nicht ein, wenn der Absender des Bestätigungsschreibens nicht schutzwürdig ist. Davon ist auszugehen, wenn bewusst von den mündlichen Vereinbarungen abgewichen wird („Unterschieben") oder bei sich kreuzenden kaufmännischen Bestätigungsschreiben.

3. Handelskauf

Ein besonderes Handelsgeschäft ist der **Handelskauf** nach §§ 373 ff. HGB. In diesen Regelungen werden aufbauend auf den Bestimmungen über den Kaufvertrag im BGB (§§ 433 ff. BGB) einige Sondervorschriften für Kaufleute eingeführt:

• Bei Annahmeverzug des Käufers werden die Möglichkeiten der Hinterlegung erweitert, die Hinterlegung kann in Lagerhäusern auf Kosten und Gefahr des Käufers erfolgen, § 373 I HGB. Die Hinterlegung hat jedoch – im Gegensatz zur Hinterlegung nach § 378 BGB – keine Erfüllungswirkung.

• Die Möglichkeiten des Selbsthilfeverkaufes bei Annahmeverzug werden erweitert, § 373 II HGB.

• Beim Fixhandelskauf kann abweichend von § 281 BGB sofort nach Fälligkeit Schadensersatz wegen Nichterfüllung verlangt werden, § 376 HGB.

Die wichtigste Besonderheit ist die **Untersuchungs- und Rügepflicht** für den Käufer beim beiderseitigen Handelskauf (§ 377 I HGB). Danach ist der Käufer verpflichtet, die erhaltene Ware unverzüglich nach Ablieferung auf Mängel zu untersuchen. Bei einer angemessenen Untersuchung feststellbare Mängel (offene Mängel) sind unverzüglich zu rügen. Wird die unverzügliche Mängelrüge versäumt, gilt die Ware als genehmigt, d.h. dem Käufer gehen die Gewährleistungsrechte nach §§ 437 ff. BGB verloren, § 377 II HGB.

Handelt es sich um Mängel, die trotz angemessener Untersuchung nicht zu erkennen waren (versteckte Mängel), sind diese unverzüglich nach Entdeckung zu rügen. Ansonsten verliert der Käufer auch in diesem Fall seine Gewährleistungsrechte, § 377 III HGB.

Für die Rechtzeitigkeit der Mängelrüge kommt es auf den Zeitpunkt der Absendung an (§ 377 IV HGB).

Die Regelungen des § 377 HGB gelten nach § 377 V HGB ausnahmsweise nicht, wenn der Verkäufer den Mangel arglistig verschwiegen hat. Geschützt wird also nur der redliche Verkäufer.

Beispiel:
Der im Handelsregister eingetragene Einzelunternehmer Willi Windig bestellt bei der Großhandels-GmbH 2.000 Vollmilch-Schokoladenweihnachtsmänner, welche ihm am Freitag, dem 13. September in Kisten verpackt geliefert werden. Da in seinem Laden gerade Hochbetrieb herrscht, bringt er die Kisten, ohne diese zu öffnen, in sein Lager.
Als er drei Wochen später angesichts des beginnenden Weihnachtsgeschäfts die Weihnachtsmänner in seine Regale einräumen will, stellt er fest, dass alle gelieferten Weihnachtsmänner aus feinherber Bitterschokolade bestehen. Er verlangt deshalb von der Großhandels-GmbH die Lieferung von 2.000 Vollmilch-Schokoladenweihnachtsmännern gegen Rücknahme der gelieferten.
Da die gelieferte Ware nicht die vereinbarte Beschaffenheit hat, liegt ein Sachmangel nach § 434 I S. 1 BGB vor. Somit hat der Käufer an sich einen Anspruch auf Lieferung mangelfreier Sachen als Nacherfüllung, §§ 437 Nr. 1, 439 I S. 1 BGB. Da jedoch beide Vertragspartner Kaufleute sind (Windig nach § 1 HGB, die GmbH nach § 6 HGB) und beide im Rahmen ihres Gewerbes gehandelt haben, liegt ein beiderseitiges Handelsgeschäft vor, § 343 I HGB. Somit wäre Windig nach § 377 I HGB verpflichtet gewesen, die Ware unverzüglich nach der Ablieferung auf Mängel zu überprüfen und diese zu rügen. Diese Pflicht hat er verletzt. Somit gilt die Ware nach § 377 II HGB als genehmigt, wenn der Mangel erkennbar war. Windig hätte den Mangel bereits bei einer Stichprobenkontrolle des Inhalts der Kisten erkennen können, es liegt damit ein erkennbarer Mangel vor. Folglich kann die GmbH die Mängelrüge zurückweisen.

4.   Weitere Handelsgeschäfte
a)   Kommission

Kommissionär ist nach § 383 I HGB, wer gewerbsmäßig Waren oder Wertpapiere **im eigenen Namen für Rechnung eines Anderen** (des Kommittenten) kauft (Einkaufskommission) oder verkauft (Verkaufskommission). Damit liegt bei der Kommission eine Form der mittelbaren Stellvertretung (in Abweichung von der unmittelbaren Stellvertretung nach §§ 164 ff. BGB) vor.

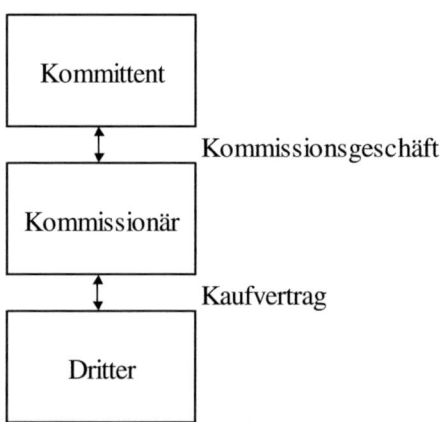

Das Kommissionsrecht sowie die Vorschriften über die Handelsgeschäfte mit Ausnahme der §§ 348-350 HGB kommen auch zur Anwendung, wenn der Unternehmer ein nicht im Handelsregister eingetragenes Kleingewerbe betreibt (§ 383 II HGB).

Grundsätzlich ist der Kommissionär zunächst verpflichtet, die **Interessen des Kommittenten wahrzunehmen**, diesen über getätigte Abschlüsse zu informieren und die Weisungen des Kommittenten zu befolgen. Hält sich der Kommissionär nicht an die Weisungen, so macht er sich schadensersatzpflichtig (§§ 384, 385 HGB).

Werden Preisgrenzen zuungunsten des Kommittenten nicht eingehalten, so hat dieser die Möglichkeit, dass Geschäft zurückzuweisen. Erfolgt die Zurückweisung nicht unverzüglich, so gilt das als Zustimmung des Kommittenten. Eine Zurückweisung ist ausgeschlossen, sofern der Kommissionär sich zum Ausgleich des Preisunterschiedes (i.d.R. durch Verrechnung mit der Provision) bereiterklärt (§ 386 HGB). Ein günstigerer Abschluss kommt dem Kommittenten zugute (§ 387 HGB).

Beispiel:
Eberhard hat eine goldene Taschenuhr geerbt. Diese gibt er beim Antiquitäten-händler Arno Alt in Kommission, der sie für 4.000 € verkaufen soll. Bietet der Sammler Goldig dem Alt 5.000 € für die Uhr, so hat er sie für den hö-heren Preis zu verkaufen, der Mehrerlös steht nach § 387 HGB dem Eberhard zu.

Für seine Tätigkeit hat der Kommissionär Anspruch auf Provision, sofern das Geschäft ausgeführt wird, sowie Anspruch auf Ersatz seiner Aufwendungen, insbesondere für Lagerung und Beförderung des Kommissionsgutes (§ 396 HGB).

Nach den Bestimmungen des § 400 HGB kann der Kommissionär selbst in das Geschäft eintreten, wenn folgende Bedingungen erfüllt sind:

• keine andere Festlegung durch den Kommittenten
• Kommissionsgut mit Börsen- oder Marktpreis
• ausdrückliche Erklärung über den Selbsteintritt.

Vom **Kommissionsagent** spricht man, wenn ein Gewerbetreibender ständig für einen Anderen Kommissionsgeschäfte betreibt. Der Kommissionsagent ist nicht ausdrücklich gesetzlich geregelt. Auf ihn kommen zusätzlich zu den Vor-schriften des Kommissionsrechts im Innenverhältnis die Vorschriften zum Han-delsvertreter analog zur Anwendung.

b)   Frachtgeschäft

Ein **Frachtgeschäft** (§§ 407 bis 452d HGB) ist die gewerbsmäßige Beförderung von Gütern einschließlich des **Umzugsvertrags**.

Durch den Frachtvertrag wird der Frachtführer verpflichtet, das Gut zum Be-stimmungsort zu befördern und dort an den Empfänger abzuliefern; der Absen-der wird verpflichtet, die vereinbarte Fracht zu zahlen (§ 407 HGB).

Der Frachtführer kann die Ausstellung eines Frachtbriefes verlangen, der fol-gende Angaben enthalten muss (§ 408 HGB):

1. Ort und Tag der Ausstellung
2. Name und Anschrift des Absenders
3. Name und Anschrift des Frachtführers
4. Stelle und Tag der Übernahme des Gutes sowie die für die Ablieferung vor-gesehene Stelle
5. Name und Anschrift des Empfängers und eine etwaige Meldeadresse

6. die übliche Bezeichnung der Art des Gutes und die Art der Verpackung, bei gefährlichen Gütern ihre nach den Gefahrgutvorschriften vorgesehene, sonst ihre allgemein anerkannte Bezeichnung
7. Zahl, Zeichen und Nummern der Frachtstücke
8. Rohgewicht oder die anders angegebene Menge des Gutes
10. den Betrag einer bei der Ablieferung des Gutes einzuziehenden Nachnahme
11. Weisungen für die Zoll- und sonstige amtliche Behandlung des Gutes
12. eine Vereinbarung über die Beförderung in offenem, nicht mit Planen gedeckten Fahrzeug oder auf Deck.

Der Frachtführer haftet für Güter- und Verspätungsschäden (§ 425 I HGB). Er wird aber von seiner Haftung insbesondere befreit, soweit Verlust, Verspätung oder Beschädigung auf ungenügende Verpackung durch den Absender oder auf höhere Gewalt zurückzuführen sind (§§ 426, 427 HGB).

Offensichtliche Schäden müssen bei Ablieferung der Fracht unverzüglich angezeigt werden, nicht erkennbare Schäden innerhalb von sieben Tagen. Ansonsten gilt die Vermutung, das Gut sei in ordnungsgemäßem Zustand abgeliefert worden (§ 438 HGB).

Der Empfänger eines beschädigten Gutes kann gegen den Frachtführer die Ansprüche des Versenders aus dem Frachtvertrag im eigenen Namen geltend machen, obwohl er selbst nicht Vertragspartner ist (§ 421 HGB).

c)   Spedition

Ein **Speditionsgeschäft** (§§ 453 bis 466 HGB) ist eine gewerbsmäßige Güterversendung im eigenen Namen auf fremde Rechnung.

Bei Verträgen des Spediteurs mit Kaufleuten werden i.d.R. die Allgemeinen Deutschen Spediteurbedingungen (ADSp) als Vertragsgrundlage vereinbart.

Durch den Speditionsvertrag wird der Spediteur verpflichtet, die Versendung des Gutes zu besorgen, der Versender wird verpflichtet, die vereinbarte Vergütung zu bezahlen (§ 453 HGB).

Die vom Spediteur geschuldete Organisationsleistung wird im Gesetz durch drei Beispiele verdeutlicht (§ 454 HGB).

1. Bestimmung des Beförderungsmittels und des Beförderungsweges
2. Auswahl der ausführenden Unternehmer, Abschluss der hierfür erforderlichen Verträge, Erteilung von Informationen und Weisungen
3. Sicherung von Schadensersatzansprüchen des Versenders

Es können weitere Nebenpflichten vereinbart werden, die mit der Versendung des Gutes zusammenhängen, z.b. Versicherung, Verpackung, Kennzeichnung, Zollbehandlung.

Ein Spediteur haftet für Schäden durch Verlust oder Beschädigung des in seiner Obhut befindlichen Gutes wie ein Frachtführer (§ 461 I HGB). Demgegenüber tritt eine Haftung für Schäden des Gutes, welches sich nicht in seiner Obhut befindet nur ein, wenn er seine Organisationspflichten nach § 454 HGB verletzt hat (§ 461 II HGB).

Dem Spediteur wird das Recht zum Selbsteintritt eingeräumt (§ 458 HGB). In diesem Fall wird er wie ein Frachtführer behandelt. Gleiches gilt in den Fällen der Spedition zu festen Kosten und der Sammelladung (§§ 459, 460 HGB).

d) Lagergeschäft

Gegenstand des **Lagergeschäfts** (§§ 467 bis 475h HGB) ist eine gewerbsmäßige Lagerung und Aufbewahrung. Die Regelungen zum Lagergeschäft sowie die Vorschriften über die Handelsgeschäfte mit Ausnahme der §§ 348-350 HGB kommen auch zur Anwendung, wenn der Unternehmer ein nicht im Handelsregister eingetragenes Kleingewerbe betreibt (§ 467 III S. 2 HGB).

Der Einlagerer haftet nach § 468 III HGB verschuldensunabhängig dem Lagerhalter für Schäden und Aufwendungen, die verursacht werden durch

• ungenügende Verpackung oder Kennzeichnung,
• Unterlassen der Mitteilung über die Gefährlichkeit des Gutes oder
• Fehlen, Unvollständigkeit oder Unrichtigkeit von Urkunden oder Auskünften.

Nach § 471 HGB ist der Lagerhalter zur Erhaltung des Lagergutes verpflichtet.

Der Lagerhalter haftet für Schäden, die durch Verlust oder Beschädigung des Gutes in der Zeit von der Übernahme zur Lagerung bis zur Auslieferung entsteht, es sei denn, dass der Schaden durch die Sorgfalt eines ordentlichen Kaufmanns nicht abgewendet werden konnte, § 475 S. 1 HGB.

Der Lagerhalter hat wegen seiner im Zusammenhang mit dem jeweiligen Lagervertrag ausstehenden Forderungen ein Pfandrecht an dem in seinem Besitz befindlichen und im Eigentum des Einlagerers stehenden Lagergut und den Begleitpapieren, § 475b I HGB.

B. Gesellschaftsrecht
I. Einführung

Das Gesellschaftsrecht befasst sich mit den Rechtsformen der Unternehmen. Die **Unternehmensformen des Privatrechts** lassen sich in

- Einzelunternehmen
- Stiftungen und
- Gesellschaften

einteilen. Gegenstand des Gesellschaftsrechts ist die rechtliche Ausgestaltung der Gesellschaften als praktisch bedeutsamste Unternehmensform.

Die gemeinsamen Wesensmerkmale einer Gesellschaft sind:

1. der vertragliche Zusammenschluss
2. mehrerer Personen (abgesehen von den Ein-Personen-Kapitalgesellschaften)
3. zur Verfolgung eines gemeinsamen Zwecks.

Gesellschaften lassen sich in Personengesellschaften und Körperschaften einteilen.

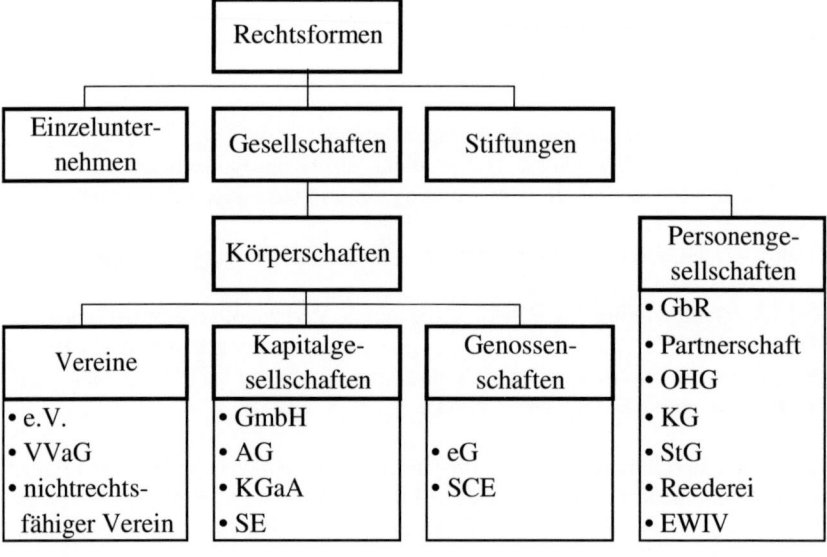

Das Gesellschaftsrecht ist durch einige wichtige Grundsätze gekennzeichnet:

- Es besteht Typenzwang („numerus clausus") bei der Wahl der Gesellschaftsform, zulässig sind jedoch in gewissem Rahmen Typenvermischungen (z.B. GmbH & Co. KG).

- Es gilt weitgehende Vertragsfreiheit bei der Ausgestaltung der Gesellschaftsverträge (bei Personengesellschaften weitergehend als bei Kapitalgesellschaften).

- Formfreiheit besteht bei Personengesellschaften, bei Kapitalgesellschaften gilt aber Formzwang.

Für die Wahl einer geeigneten Rechtsform sind vielfältige Faktoren maßgeblich. Zu beachten sind insbesondere:

- Haftungsverhältnisse
- Geschäftsführungs- und Vertretungsbefugnisse
- Finanzierungsmöglichkeiten
- steuerliche Behandlung
- Publizitätserfordernisse
- Arbeitnehmermitbestimmung
- Nachfolgeregelungen
- sonstige Faktoren.

Einen Überblick über die wesentlichen rechtlichen Merkmale einiger wichtiger Rechtsformen im Gesellschaftsrecht zeigt nachfolgende Übersicht.

Rechtsformen der Unternehmen

Einzelunternehmen und nicht handelsrechtliche Personengesellschaften

Merkmal	Einzelunternehmen	GbR	Partnerschaftsgesellschaft
Gesetzl. Grundlage	BGB, §§ 1 - 104 HGB	§§ 705 - 740 BGB	PartGG
Gründer	eine Person	2 und mehr Personen	2 und mehr Freiberufler
Form des Vertrages	entfällt	frei	schriftlich
Weitere Gründungsvoraussetzungen		kein Handelsgewerbe	nur nat. Personen kein Handelsgewerbe
Registereintragung	HR A (nur Kaufmann)	keine	Partnerschaftsregister
Geschäftsführung	Einzelunternehmer allein	alle Gesellschafter gemeinsam	Einzelgeschäftsführung jedes Ges.
Vertretung	Einzelunternehmer allein	alle Gesellschafter gemeinsam	Einzelvertretung durch jeden Ges.
Haftung	unbeschränkt persönlich	unbeschränkt persönlich als Gesamtschuldner	unbeschränkt persönlich als Gesamtschuldner
Gewinnbeteiligung	Einzelunternehmer allein	nach Köpfen	nach Köpfen
Verlustbeteiligung	Einzelunternehmer allein	nach Köpfen	nach Köpfen

Handelsrechtliche Personengesellschaften

Merkmal	OHG	KG	Stille Gesellschaft
Gesetzl. Grundlage	§§ 105 - 160 HGB	§§ 161 - 177 HGB	§§ 230 - 237 HGB
Gründer	2 und mehr Personen	mind. je ein Kommanditist/ Komplementär	Inhaber und stiller Gesellschafter
Form des Vertrages	frei	frei	frei
Weitere Gründungsvoraussetzungen	Handelsgewerbe	Handelsgewerbe	stiller Gesellschafter beteiligt sich am Handelsgewerbe des Inhabers
Registereintragung	HR A	HR A	keine
Geschäftsführung	Einzelgeschäftsführung jedes Ges.	Einzelgeschäftsführung Komplementär	Geschäftsinhaber
Vertretung	Einzelvertretung durch jeden Ges.	Einzelvertretung durch Komplementär	Geschäftsinhaber
Haftung	unbeschränkt persönlich als Gesamtschuldner	Komplementär unbeschränkt persönlich, Kommanditist auf Einlage beschränkt	Inhaber entspr. Rechtsform, Stiller Ges. auf Einlage beschränkt
Gewinnbeteiligung	4% der Einlage, Rest nach Köpfen	4% der Einlage, Rest in angemessenem Verhältnis	in angemessenem Verhältnis
Verlustbeteiligung	nach Köpfen	in angemessenem Verhältnis	nur bei Vereinbarung

Körperschaften

Merkmal	AG	GmbH und UG (haftungsbeschränkt)	Genossenschaft
Gesetzl. Grundlage	AktG	GmbHG	GenG
Gründer	eine oder mehrere Personen	eine oder mehrere Personen	3 oder mehr Personen
Form des Vertrages	notarielle Beurkundung	notarielle Beurkundung	schriftlich
Weitere Gründungsvoraussetzungen	50.000 € Grundkapital in Aktien a 1 € oder höher zerlegt, 25% Mindesteinzahlung	25.000 € (UG: 1€) Stammkapital in Geschäftsanteile a 1 € oder höher zerlegt, Mindesteinzahlung 25% jedes Geschäftsanteils insges. mind. 12.500 € (UG: Volleinzahlung)	
Registereintragung	HR B	HR B	Genossenschaftsregister
Geschäftsführung	Vorstand (Kontrolle durch Aufsichtsrat u. Hauptversammlung)	Geschäftsführer (Kontrolle durch Gesellschafterversammlung, ggf. Aufsichtsrat)	Vorstand (Kontrolle durch Aufsichtsrat u. Generalversammlung)
Vertretung	Vorstand	Geschäftsführer	Vorstand
Haftung	als jur. Person mit dem gesamten Gesellschaftsvermögen	als jur. Person mit dem gesamten Gesellschaftsvermögen	als jur. Person mit dem gesamten Gesellschaftsvermögen
Gewinnbeteiligung	nach Anteilen	nach Anteilen	nach Anteilen
Verlustbeteiligung	nach Anteilen	nach Anteilen	nach Anteilen

II. Personengesellschaften
1. Gesellschaft bürgerlichen Rechts

Bei der GbR (auch: BGB-Gesellschaft) handelt es sich um eine auf einem Vertrag beruhende Personenvereinigung zur **Förderung eines gemeinsamen Zwecks** (§ 705 BGB). Der Zweck kann beliebig, sofern nicht gesetzes- oder sittenwidrig (§§ 134, 138 BGB), sein. Als GbR kann jedoch kein Handelsgewerbe betrieben werden, da das Betreiben eines Handelsgewerbes zur OHG bzw. KG führt (§ 105 I HGB bzw. § 161 I HGB). Die GbR ist in **kein Register** einzutragen. Sie hat mangels Kaufmannseigenschaft **keine Firma** (i.S.d. §§ 17 ff. HGB).

Im Gegensatz zur früheren Rechtsprechung erkennt der BGH[23] jetzt der GbR **Rechts- und Parteifähigkeit** zu, soweit sie als Teilnehmer am Rechtsverkehr eigene vertragliche Rechte und Pflichten begründet.

Als GbR kommen insbesondere in Betracht:

• Zusammenschlüsse von Kleingewerbetreibenden
• Zusammenschlüsse von Freiberuflern
• Arbeitsgemeinschaften (ARGE) im Bauwesen
• Überbetriebliche Zusammenschlüsse (z.B. Konsortien)
• Vorgründungsgesellschaften.

Die GbR **entsteht** durch den vertraglichen Zusammenschluss von mindestens 2 Gesellschaftern. Gesellschafter kann jede natürliche oder juristische Person sein. Der Vertragsschluss kann ausdrücklich oder stillschweigend und formfrei erfolgen.

Bestimmte Formen oder Genehmigungen können jedoch aus anderen Gründen erforderlich sein.

Beispiele:
• beim Einbringen von Grundstücken (§ 311b BGB)
• bei Verträgen mit Minderjährigen (§ 1822 Nr. 3 i.V.m. § 1643 BGB).

Ein Mindestkapital ist für die Gründung gesetzlich nicht vorgeschrieben.

Mangels anderer Vereinbarung im Gesellschaftsvertrag steht die **Geschäftsführung allen Gesellschaftern gemeinschaftlich** zu, d.h. für jedes Geschäft ist die Zustimmung aller Gesellschafter erforderlich (§ 709 I BGB).

---

[23] *BGH*, Urteil vom 29. Januar 2001 – II ZR 331/00.

Da diese Regelung für das Handeln der Gesellschaft äußerst hinderlich sein kann (insbesondere bei vielen Gesellschaftern), lässt das Gesetz auch vertraglich vereinbarte **Gesamtgeschäftsführung einzelner Gesellschafter** oder **Einzelgeschäftsführung** zu (§ 710 BGB).

Hinsichtlich der Rechte und Pflichten der geschäftsführenden Gesellschafter verweist § 713 BGB auf das Auftragsrecht (§§ 664 bis 670 BGB). Die Geschäftsführungsbefugnis kann nur einstimmig (bei anderer vertraglicher Regelung auch mehrheitlich) aus „wichtigem Grund" entzogen werden (§ 712 BGB).

Die **Vertretungsbefugnis** bei der GbR **ist mit der Geschäftsführungsbefugnis verknüpft**, d.h. mangels abweichender vertraglicher Festlegung kann eine Vertretung nur durch alle Gesellschafter gemeinschaftlich erfolgen (§ 714 BGB). Bei der Vertretung sind die §§ 164 ff. BGB entsprechend anzuwenden.

Beispiel:
Schwarz und Weiß eröffnen gemeinschaftlich einen Copy-Shop in der Rechtsform einer GbR. Besondere Vereinbarungen zur Geschäftsführung und Vertretung wurden nicht getroffen. Kurz nach Geschäftseröffnung bestellt Schwarz, ohne sich vorher mit Weiß abzusprechen, bei der Paper GmbH im Namen der GbR 100 Kisten farbiges Kopierpapier, welches als Sonderangebot angepriesen wird. Als dieses geliefert wird, verweigert Weiß die Annahme, da seiner Meinung nach nur weißes Papier benötigt wird.
Schwarz war zur Bestellung nicht berechtigt, da nach § 709 I BGB die Geschäftsführungsbefugnis den Gesellschaftern nur gemeinschaftlich zusteht und somit die Zustimmung des Weiß erforderlich gewesen wäre. Da die Vertretungsbefugnis nach § 714 BGB der Geschäftsführung folgt, ist somit der im Namen der GbR abgeschlossene Vertrag zunächst schwebend unwirksam, § 177 I BGB. Indem Weiß die Annahme verweigert, lehnt er gleichzeitig die Genehmigung des durch Schwarz geschlossenen Vertrags ab, dieser ist somit unwirksam. Die Paper GmbH kann somit keine Ansprüche gegen Weiß oder die GbR geltend machen. Es besteht aber ein Anspruch auf Erfüllung bzw. Schadensersatz wegen Nichterfüllung nach § 179 I BGB, da Schwarz den Vertrag als Vertreter ohne Vertretungsmacht abgeschlossen hat.

Gewinne und Verluste sind bei der GbR **nach Köpfen** zu verteilen, wenn der Gesellschaftsvertrag keine andere Regelung vorsieht (§ 722 BGB). Rechnungsabschluss und Gewinnverteilung erfolgen bei Gelegenheitsgesellschaften erst bei Auflösung (§ 721 I BGB), bei auf Dauer angelegten Gesellschaften zum Geschäftsjahresende (§ 721 II BGB). Eine abweichende vertragliche Regelung kann auch in diesem Punkt erfolgen.

Das Vermögen, welches im Rahmen der Gründung und der Tätigkeit der GbR erworben wird, ist **gemeinschaftliches Vermögen** aller Gesellschafter (§ 718 BGB). Das Vermögen steht den Gesellschaftern nur als **Gesamthandsvermögen** zu (§ 719 BGB), d.h. ein Gesellschafter

* kann nicht über seinen Anteil verfügen
* kann nicht über einzelne Gegenstände verfügen
* kann keine Teilung verlangen.

Insofern stellt das Gesellschaftsvermögen ein vom übrigen Privatvermögen abgegrenztes Sondervermögen der Gesellschafter dar.

Für die Schulden der GbR haften **alle Gesellschafter als Gesamtschuldner**. Die gesamtschuldnerische Haftung der Gesellschafter ergibt sich aus der gemeinsamen Zweckverfolgung in Verbindung mit § 427 BGB. Damit kann ein Gläubiger von jedem Gesellschafter Befriedigung seiner Forderung verlangen (§ 421 BGB), es bleibt den Gesellschaftern untereinander vorbehalten, einen Ausgleich herbeizuführen (§ 426 BGB).

Soll in das Gesellschaftsvermögen zwangsvollstreckt werden, ist aufgrund der gesamthänderischen Bindung ein vollstreckbarer Titel gegen alle Gesellschafter erforderlich (§ 736 ZPO) bzw. nach neuerer Rechtsprechung[24] ein Titel gegen die Gesellschaft.

Obwohl **grundsätzlich** alle Gesellschafter im Rahmen der Tätigkeit der GbR **unbeschränkt**, d.h. auch mit ihrem Privatvermögen haften, ist mangels entgegenstehender gesetzlicher Bestimmung eine Beschränkung der Haftung auf das Sondervermögen (=Gesellschaftsvermögen) möglich. Dies setzt jedoch eine entsprechende Festlegung im Gesellschaftsvertrag **und** die Vereinbarung der Haftungsbeschränkung mit dem Dritten voraus. Eine Angabe der Haftungsbeschränkung in der Bezeichnung der Gesellschaft (z.B. Auftreten unter dem Namen GbR mbH) allein reicht nicht aus[25].

Ein ausscheidender Gesellschafter haftet für maximal 5 Jahre ab seinem Ausscheiden (§ 736 BGB i.V.m. § 160 HGB).

Tritt ein neuer Gesellschafter in eine bestehende GbR ein, so haftet er für bei seinem Eintritt bereits bestehende Verbindlichkeiten der Gesellschaft neben den bisherigen Gesellschaftern persönlich.[26]

---

[24] *BGH*, Urteil vom 29. Januar 2001 – II ZR 331/00.
[25] *BGH*, Urteil vom 27. September 1999 – II ZR 371/98.
[26] *BGH*, Urteil vom 7. April 2003 – II ZR 56/02.

Eine **Auflösung** der Gesellschaft erfolgt bei (§§ 723 ff. BGB):

- Vereinbarung
- Kündigung eines Gesellschafters
- Kündigung durch einen Privatgläubiger
- Zweckerreichung oder Unerreichbarkeit des Zwecks
- Tod eines Gesellschafters
- Insolvenz eines Gesellschafters oder der Gesellschaft
- Zeitablauf.

Die **Abwicklung** der Gesellschaft im Insolvenzfall erfolgt nach der InsO. In den übrigen Fällen der Auflösung ist sie nach Maßgabe des Gesellschaftsvertrags bzw. der §§ 732 ff. BGB zu liquidieren. Dazu sind die gemeinschaftlichen Schulden zu begleichen, die Einlagen zurückzuerstatten und ein eventueller Überschuss im Verhältnis der Gewinnbeteiligung zu verteilen. Für einen Fehlbetrag haben die Gesellschafter entsprechend der Verlustbeteiligung aufzukommen.

Die Auflösung kann vermieden werden, wenn der Gesellschaftsvertrag das Ausscheiden von Gesellschaftern vorsieht (§§ 736, 737 BGB). Im Falle des Ausscheidens geht der Anteil des ausscheidenden Gesellschafters am Gesellschaftsvermögen auf die übrigen Gesellschafter über (**Anwachsung**, § 738 BGB). Für seinen Anteil am Gesellschaftsvermögen entstehen dem Ausscheidenden **Abfindungsansprüche** gegenüber den verbliebenen Gesellschaftern.

Beispiel:
Anton, Bertram und Cecilie sind Gesellschafter der ABC GbR, beteiligt mit je 1/3 am Gesellschaftsvermögen. Cecilie möchte aus der Gesellschaft ausscheiden, Anton und Bertram sind damit einverstanden und wollen gemäß der Vereinbarung im Gesellschaftsvertrag die GbR weiterführen.
Mit dem Ausscheiden erwerben Anton und Bertram den Gesellschaftsanteil der Cecilie durch Anwachsung, diese hat einen Anspruch auf Abfindung in Höhe von 1/3 des Wertes des Gesellschaftsvermögens.

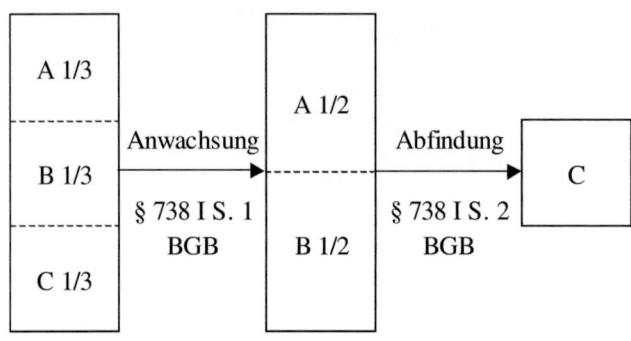

2. Partnerschaftsgesellschaft

Die Partnerschaftsgesellschaft ist eine Rechtsform, die ausschließlich den **Angehörigen der freien Berufe** zur gemeinschaftlichen Berufsausübung offen steht (§ 1 I PartGG). Sie betreibt **kein Handelsgewerbe**, ist aber **rechts- und parteifähig** (§ 7 II PartGG).

Die Gesellschaft hat gemäß § 2 II PartGG einen **Namen** zu führen, auf den die firmenrechtlichen Bestimmungen entsprechend anzuwenden sind. Der Name muss nach § 2 I PartGG enthalten:

• den Namen mindestens eines Partners,
• den Zusatz „und Partner" oder „Partnerschaft" sowie
• die Berufsbezeichnungen aller Partner.

Bei einer Partnerschaft mit beschränkter Berufshaftung[27] ist zudem der Zusatz „mit beschränkter Berufshaftung" oder die Abkürzung „mbB" o.ä. zu verwenden (§ 8 IV S. 3 PartGG). Der Name darf abweichend von § 2 I PartGG den Zusatz „Part" oder „PartG" enthalten.

Auf die Partnerschaftsgesellschaft kommen die Vorschriften über die GbR ersatzweise zur Anwendung, soweit nichts anderes bestimmt ist (§ 1 IV PartGG). Vielfach wird jedoch auf die OHG-Vorschriften verwiesen.

Die **Gründung** der Gesellschaft erfolgt durch einen **schriftlichen Vertrag** mehrerer (mindestens zweier) Gesellschafter. Der Mindestinhalt ist gesetzlich geregelt (§ 3 PartGG). Gesellschafter können nur **natürliche Personen** sein.

Die Partnerschaftsgesellschaft muss zur Eintragung in das **Partnerschaftsregister** angemeldet werden (§ 4 PartGG). Für die Partnerschaft mit beschränkter Berufshaftung ist der Anmeldung eine Versicherungsbescheinigung über die vorgeschriebene Berufshaftpflichtversicherung beizufügen.

Im **Verhältnis zu Dritten** entsteht die Gesellschaft mit der Eintragung in das Partnerschaftsregister, vorher ist sie rechtlich als GbR zu behandeln (§ 7 I PartGG).

Bei der Partnerschaftsgesellschaft wird das Prinzip der **Einzelgeschäftsführung** angewandt, d.h. jeder Gesellschafter ist allein zu handeln berechtigt (und verpflichtet), wobei das Recht zur Geschäftsführung im Zweifel allen Gesellschaftern zusteht (§ 6 III PartGG i.V.m. §§ 114, 115 HGB).

---

[27] Gesetz zur Einführung einer Partnerschaftsgesellschaft mit beschränkter Berufshaftung und zur Änderung des Berufsrechts der Rechtsanwälte, Patentanwälte, Steuerberater und Wirtschaftsprüfer vom 15.07.2013, BGBl. I S. 2386.

Jeder geschäftsführungsbefugte Gesellschafter hat jedoch beim Abschluss von Geschäften ein **Vetorecht** (§ 6 III PartGG i.V.m. § 115 II 2. HS HGB), d.h. beim Widerspruch eines Gesellschafters hat das Geschäft zu unterbleiben.

Dem Umfang nach umfasst die Geschäftsführungsbefugnis **alle gewöhnlichen Handlungen** (§ 6 III PartGG i.V.m. § 116 I HGB), darüber hinausgehende Geschäfte bedürfen der Zustimmung aller Gesellschafter (bei Festlegung durch den Gesellschaftsvertrag der Mehrheit, § 6 III PartGG i.V.m. §§ 116 II, 119 HGB).

Hinsichtlich der Vertretung gegenüber Dritten hat grundsätzlich jeder Gesellschafter **Einzelvertretungsbefugnis** (§ 7 III PartGG i.V.m. § 125 I HGB). Abweichungen sind durch den Gesellschaftsvertrag in folgender Weise möglich:

• Ausschluss einzelner Gesellschafter § 7 III PartGG i.V.m. § 125 I 2. HS HGB
• Gesamtvertretungsbefugnis, d.h. mehrere Gesellschafter sind nur gemeinsam vertretungsberechtigt § 7 III PartGG i.V.m. § 125 II HGB

Bezüglich des Umfangs der Vertretungsmacht sind vertretungsberechtigte Gesellschafter zu allen gerichtlichen und außergerichtlichen Handlungen berechtigt. Eine Beschränkung des Umfangs der Vertretungsmacht ist Dritten gegenüber unwirksam (§ 7 III PartGG i.V.m. § 126 HGB).

Gewinne und Verluste sind bei der Partnerschaftsgesellschaft **nach Köpfen** zu verteilen, wenn der Gesellschaftsvertrag keine andere Regelung vorsieht (§ 1 IV PartGG i.V.m. § 722 BGB).

Für die Verbindlichkeiten der Gesellschaft **haften** neben dem Gesellschaftsvermögen die **Gesellschafter als Gesamtschuldner** persönlich (§ 8 I PartGG). Für berufliche Fehler bei der Bearbeitung eines Auftrags haftet neben dem Gesellschaftsvermögen jedoch nur der Gesellschafter, der mit der Bearbeitung befasst war (§ 8 II PartGG).

Eine **Beschränkung der Haftung** für Schäden wegen fehlerhafter Berufsausübung auf das Gesellschaftsvermögen ist zulässig, wenn die Partnerschaft eine hierfür gesetzlich vorgegebene Berufshaftpflichtversicherung unterhält (§ 8 IV PartGG).

Ein **eintretender Gesellschafter** haftet den Gläubigern der Gesellschaft gleich den anderen Gesellschaftern auch für die vor seinem Eintritt begründeten Verbindlichkeiten (§ 8 I PartGG i.V.m. § 130 HGB). Ein **ausscheidender Gesellschafter** haftet für die vor seinem Ausscheiden eingegangenen Verbindlichkeiten für maximal 5 Jahre (§ 10 II PartGG i.V.m. §§ 159, 160 HGB).

Hinsichtlich der **Auflösung** einer Partnerschaftsgesellschaft kommen als Gründe in Betracht (§ 9 I PartGG i.V.m. § 131 HGB):

• Zeitablauf
• Beschluss
• Insolvenzeröffnung über das Gesellschaftsvermögen
• Gerichtsbeschluss.

Die **Liquidation** erfolgt nach den Vorschriften über die OHG (§ 10 PartGG).

Beim **Ausscheiden** eines Gesellschafters wird die Gesellschaft normalerweise durch die verbliebenen Gesellschafter fortgeführt (§ 9 I PartGG i.V.m. § 131 III HGB. Die Vorschriften der GbR (§ 738 BGB) zur Anwachsung gelten entsprechend.

Gründe für das Ausscheiden von Gesellschaftern sind:

• Tod eines Gesellschafters
• Insolvenzeröffnung über das Vermögen eines Gesellschafters
• Kündigung (mit einer Frist von 6 Monaten zum Geschäftsjahresende, § 9 I PartGG i.V.m. § 132 HGB)
• Kündigung durch Privatgläubiger eines Gesellschafters, § 9 I PartGG i.V.m. § 135 HGB
• vertraglich geregelte Fälle
• Beschluss
• Verlust der Berufszulassung.

3.   Offene Handelsgesellschaft

Die OHG ist eine Gesellschaft, deren Zweck im Betrieb eines **Handelsgewerbes** unter einer gemeinsamen **Firma** besteht und bei der alle Gesellschafter unbeschränkt haften (§ 105 I HGB). Ein Kleingewerbe bzw. reine Vermögensverwaltung (§ 105 II HGB) wird durch freiwillige Registereintragung zur OHG.

Der grundlegende Unterschied zur GbR besteht somit darin, dass der Zweck einer OHG das Betreiben eines Handelsgewerbes ist. Auf die OHG sind mangels anderer Festlegung durch die §§ 105 ff. HGB die Vorschriften über die GbR anzuwenden (§ 105 III HGB).

Die Gesellschaft kann unter ihrer Firma Rechte und Pflichten begründen (§ 124 HGB) und ist somit rechtsfähig.

Mangels gesetzlicher Regelung kann die Gründung der OHG durch einen **formfreien Vertrag** mehrerer (mindestens zwei) Gesellschafter erfolgen. Ein Formzwang kann sich jedoch aus anderen gesetzlichen Formvorschriften, z.B. aus § 311b I BGB beim Einbringen von Grundstücken, ergeben. Gesellschafter können natürliche oder juristische Personen, auch eine OHG oder KG sein. Ist kein Gesellschafter eine natürliche Person, so ist nach § 19 II HGB auf die Haftungsbeschränkung hinzuweisen.

Die OHG muss zur Eintragung in das **Handelsregister** angemeldet werden (§ 106 I HGB). Dazu müssen die erforderlichen Unterlagen elektronisch in öffentlich beglaubigter Form eingereicht werden (§ 12 HGB), so dass spätestens zu diesem Zeitpunkt die schriftliche Fixierung wesentlicher Punkte des Gesellschaftsvertrags notwendig wird.

Ein Mindestkapital ist für die Gründung gesetzlich nicht vorgeschrieben.

Die Entstehung der OHG im Innenverhältnis richtet sich nach dem Gesellschaftsvertrag (§ 109 HGB), damit ist der Vertragsabschluss gleich dem Entstehungszeitpunkt, sofern nichts anderes festgelegt wird.

Im **Verhältnis zu Dritten** entsteht die Gesellschaft spätestens mit Eintragung im Handelsregister (§ 123 I HGB). Wird durch die Gesellschaft ein Handelsgewerbe nach § 1 II HGB betrieben, so entsteht die Gesellschaft im Verhältnis zu Dritten mit dem Abschluss der ersten Geschäfte im Namen der Gesellschaft, sofern diese vor Eintragung im Handelsregister abgeschlossen werden (§ 123 II HGB).

Bei der OHG wird das Prinzip der **Einzelgeschäftsführung** angewandt, d.h. jeder Gesellschafter ist allein zu handeln berechtigt (und verpflichtet), wobei das Recht zur Geschäftsführung im Zweifel allen Gesellschaftern zusteht (§§ 114, 115 HGB). Jeder geschäftsführungsbefugte Gesellschafter hat jedoch beim Abschluss von Geschäften ein **Vetorecht** (§ 115 I 2. HS HGB), d.h. beim Widerspruch eines Gesellschafters hat das Geschäft zu unterbleiben. Dem Umfang nach umfasst die Geschäftsführungsbefugnis **alle gewöhnlichen Handlungen** (§ 116 I HGB), darüber hinausgehende Geschäfte bedürfen der Zustimmung aller Gesellschafter (bei Festlegung durch den Gesellschaftsvertrag der Mehrheit, §§ 116 II, 119 HGB).

Eine Sonderregelung gilt hinsichtlich der Erteilung und des Widerrufs der Prokura: Die Gesellschafter sind nur gemeinsam zur Erteilung befugt, der Widerruf kann jedoch durch jeden Gesellschafter einzeln erfolgen (§ 116 III HGB). Ein Entzug der Geschäftsführungsbefugnis kommt nur bei groben Pflichtverstößen bzw. Unfähigkeit durch **Gerichtsentscheidung** in Betracht (§ 117 HGB).

Bezüglich der Vertretung gegenüber Dritten hat grundsätzlich jeder Gesellschafter **Einzelvertretungsbefugnis** (§ 125 I HGB). Abweichungen sind durch den Gesellschaftsvertrag in folgender Weise möglich:

- Ausschluss einzelner Gesellschafter § 125 I 2. HS HGB
- „echte" Gesamtvertretungsbefugnis, d.h. mehrere Gesellschafter sind nur gemeinsam vertretungsberechtigt § 125 II HGB
- „unechte" Gesamtvertretungsbefugnis, d.h. ein Gesellschafter ist nur gemeinsam mit einem Prokuristen vertretungsberechtigt § 125 III HGB.

Von der Einzelvertretungsbefugnis **abweichende Festlegungen** müssen im **Handelsregister** eingetragen werden (§ 106 II Nr. 4 HGB). Bis zur Veröffentlichung der Tatsache kann diese aufgrund der negativen Publizität des Handelsregisters (§ 15 I HGB) einem Dritten nicht entgegengesetzt werden.

Hinsichtlich des Umfangs der Vertretungsmacht sind vertretungsberechtigte Gesellschafter zu allen gerichtlichen und außergerichtlichen Handlungen berechtigt. Eine Beschränkung des Umfangs der Vertretungsmacht ist Dritten gegenüber unwirksam (§ 126 HGB).

Beispiel:
Leicht und Lustig gründen die Leicht & Lustig OHG. Im Gesellschaftsvertrag ist vereinbart, dass beide Gesellschafter die OHG nur gemeinsam vertreten können. Diese Regelung ist jedoch nicht im Handelsregister eingetragen. Leicht least im Namen der OHG einen Luxus-Pkw, obwohl sich Lustig dagegen ausgesprochen hatte.
Leicht war nicht zum Abschluss des Leasingvertrags berechtigt, da er keine diesbezügliche Geschäftsführungsbefugnis hatte. Beim Widerspruch eines Mitgesellschafters hat das Geschäft zu unterbleiben, § 115 I 2. HS HGB. Der Vertrag ist trotzdem gegenüber der OHG wirksam. Nach § 125 I HGB ist jeder Gesellschafter alleinvertretungsbefugt. Zwar lässt § 125 II HGB die hier vereinbarte Gesamtvertretung zu, dabei handelt es sich aber nach § 106 II Nr. 4 HGB um eine im Handelsregister einzutragende Tatsache. Da diese nicht eingetragen ist, kann sie nach § 15 I HGB einem Dritten nicht entgegen gesetzt werden. Somit konnte Leicht die OHG wirksam vertreten. Da er jedoch seine Pflichten aus dem Gesellschaftsvertrag verletzt hat, haftet er ggf. Lustig gegenüber auf Schadensersatz nach § 280 I BGB.

Gewinne sind bei der OHG mangels anderer Vereinbarung zu verteilen, indem jeder Gesellschafter zunächst einen Anteil in Höhe von 4% seiner Kapitaleinlage erhält, sofern der Gewinn dafür ausreicht, sonst ist der Satz entsprechend zu kürzen. Darüber hinausgehende Gewinne sowie **Verluste** sind nach Köpfen zu verteilen (§§ 120, 121 HGB).

Beispiel:
Anton ist mit 10.000 € und Beate mit 100.000 € an der AnBea OHG beteiligt.
Die OHG hat laut Handelsbilanz einen Gewinn von 110.400 € erwirtschaftet.

	Anton	Beate
4% d. Einlage	400 €	4.000 €
50% v. Rest	53.000 €	53.000 €
Gesamt	53.400 €	57.000 €

Weiterhin hat jeder Gesellschafter ein Anrecht auf Privatentnahmen in Höhe von 4% seiner Kapitaleinlage (§ 122 HGB).

Die OHG ist wie die GbR eine **Gesamthandsgesellschaft** (§ 105 III HGB i.V.m. §§ 718, 719 BGB). Insofern gelten die GbR-Vorschriften entsprechend.

Die OHG kann nach § 124 I HGB selbständig Verbindlichkeiten eingehen. Damit kann sie auch unter ihrer Firma verklagt werden. Mit einem gegen die Gesellschaft gerichteten vollstreckbaren Titel ist eine Zwangsvollstreckung in das Gesellschaftsvermögen möglich.

Die Gesellschafter der OHG haften **unmittelbar persönlich als Gesamtschuldner** (§ 128 HGB). Eine Haftungsbeschränkung ist Dritten gegenüber nicht möglich. Aufgrund der gesamtschuldnerischen Haftung der OHG-Gesellschafter kann ein Gläubiger von jedem Gesellschafter die Begleichung seiner Forderung verlangen (§ 421 BGB) und ggf. gegen diesen klagen und in dessen Privatvermögen zwangsvollstrecken.

Ein **eintretender Gesellschafter** haftet nach §130 HGB den Gläubigern der OHG gleich den anderen Gesellschaftern auch für die vor seinem Eintritt begründeten Verbindlichkeiten.

Ein **ausgeschiedener Gesellschafter** haftet für die vor seinem Ausscheiden eingegangenen Verbindlichkeiten für maximal 5 Jahre, gleiches gilt bei Auflösung der Gesellschaft (§§ 159, 160 HGB).

Hinsichtlich der Auflösung einer OHG kommen als Gründe in Betracht (§ 131 HGB):

• Zeitablauf
• Beschluss
• Insolvenzeröffnung über das Gesellschaftsvermögen
• Gerichtsentscheidung.

Die **Liquidation** der OHG erfolgt, sofern keine abweichende Bestimmung durch den Gesellschaftsvertrag oder Beschluss der Gesellschafter erfolgt, durch die Gesellschafter als Liquidatoren (§ 146 I HGB). Die Liquidatoren haben die laufenden Geschäfte zu beenden, die Forderungen einzuziehen, die Vermögensgegenstände zu Geld zu machen und die Verbindlichkeiten zu begleichen (§ 149 HGB). Das Restvermögen auf Basis der Liquidationsschlussbilanz (§ 154 HGB) ist nach den Kapitalanteilen unter die Gesellschafter zu verteilen (§ 155 HGB).

Beim **Ausscheiden** eines Gesellschafters wird die Gesellschaft normalerweise durch die verbliebenen Gesellschafter fortgeführt (vgl. § 131 III HGB), der Gesellschaftsvertrag kann jedoch abweichende Festlegungen treffen. Die Vorschriften der GbR (§ 738 BGB) zur Anwachsung gelten entsprechend.

Gründe für das Ausscheiden von Gesellschaftern sind:

• Tod eines Gesellschafters
• Insolvenzeröffnung über das Vermögen eines Gesellschafters
• Kündigung (mit einer Frist von 6 Monaten zum Geschäftsjahresende, § 132 HGB)
• Kündigung durch Privatgläubiger eines Gesellschafters (§ 135 HGB)
• vertraglich geregelte Fälle
• Beschluss.

Bei der vertraglich geregelten Fortsetzung der Gesellschaft mit den Erben können diese die Umwandlung ihres Anteils in eine Kommanditeinlage beantragen. Lehnen die anderen Gesellschafter dies ab, so kann der Erbe fristlos kündigen (§ 139 HGB).

4.   Kommanditgesellschaft

Die KG ist eine Gesellschaft, deren Zweck im Betrieb eines **Handelsgewerbes** unter einer gemeinsamen **Firma** besteht. Der Unterschied zur OHG besteht darin, dass bei der KG mindestens ein Gesellschafter -der **Komplementär**- voll haftet und mindestens ein Gesellschafter -der **Kommanditist**- beschränkt auf eine bestimmte Vermögenseinlage haftet (§ 161 I HGB). Auf die KG sind mangels anderer Festlegung nach § 161 II HGB die Vorschriften über die OHG und über § 105 III HGB die Vorschriften über die GbR anzuwenden. Insofern werden durch die §§ 161ff. HGB insbesondere Festlegungen bezüglich des Kommanditisten getroffen, der Komplementär ist wie ein OHG-Gesellschafter gestellt.

Folgende Abbildung zeigt die Abgrenzung zwischen GbR, OHG und KG.

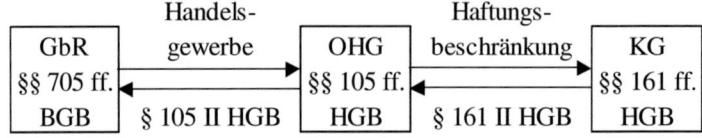

Die Kommanditgesellschaft kann unter ihrer Firma Rechte und Pflichten begründen und ist somit rechtsfähig (§§ 161 II, 124 HGB).

Aufgrund fehlender gesetzlicher Regelung kann die Gründung der KG durch einen **formfreien Vertrag** mehrerer (mindestens zweier) Gesellschafter erfolgen, wobei mindestens ein Gesellschafter Komplementär und ein Gesellschafter Kommanditist sein muss. Ein Formzwang kann sich jedoch aus anderen gesetzlichen Gründen ergeben. Gesellschafter können natürliche oder juristische Personen sowie auch eine OHG oder KG sein. Ist kein Gesellschafter eine natürliche Person, so ist nach § 19 II HGB auf die Haftungsbeschränkung hinzuweisen.

Die KG muss zur **Eintragung in das Handelsregister** angemeldet werden (§ 162 HGB). Dazu müssen die erforderlichen Unterlagen elektronisch in öffentlich beglaubigter Form eingereicht werden (§ 12 HGB).

Mindestkapital ist für die Gründung gesetzlich nicht vorgeschrieben, die Höhe der Kommanditeinlagen müssen jedoch fest bestimmt sein (§ 162 I HGB).

Die Entstehung der KG im Innenverhältnis richtet sich nach dem Gesellschaftsvertrag (§ 163 HGB), damit ist der Vertragsabschluss gleich dem Entstehungszeitpunkt, wenn nichts anderes festgelegt wurde. Im **Verhältnis zu Dritten** entsteht die Gesellschaft regelmäßig mit Eintragung im Handelsregister (§ 161 II i.V.m. § 123 I HGB). Wird durch die Gesellschaft ein Handelsgewerbe nach § 1 II HGB betrieben, so entsteht die Gesellschaft bereits mit Abschluss der ersten Geschäfte im Namen der Gesellschaft (§ 161 II i.V.m. § 123 II HGB).

Nach der Regelung des § 164 HGB sind bei der KG **ausschließlich die Komplementäre** nach Maßgabe des OHG-Rechts geschäftsführungsbefugt, die **Kommanditisten** sind **von der Geschäftsführung ausgeschlossen.** Bei Geschäften, die über den gewöhnlichen Geschäftsbetrieb hinausgehen, haben die Kommanditisten jedoch ein Widerspruchsrecht.

Auch die **Vertretung** gegenüber Dritten obliegt **ausschließlich** den **Komplementären**, die Kommanditisten sind zur der Vertretung der KG nicht befugt (§ 170 HGB). Trotz des Ausschlusses von der gesetzlichen Vertretung nach § 170 HGB ist es jedoch möglich, dem Kommanditisten eine rechtsgeschäftliche Vollmacht (§§ 48 ff. HGB) zu erteilen.

Die **Gewinn- und Verlustbeteiligung** bei der KG regelt sich mangels abweichender vertraglicher Vereinbarung nach §§ 167, 168 HGB: Hinsichtlich der bis zu 4% betragenden Gewinne werden die Regelungen der OHG (§ 121 HGB) angewandt, darüber hinausgehende Gewinne und Verluste sind in einem „angemessenen Verhältnis" zu verteilen. Da bei der Angemessenheit viele Umstände zu berücksichtigen sind, ist eine vertragliche Regelung dringend anzuraten.

Einen Anspruch auf Gewinnauszahlung hat der Kommanditist nur, wenn zuvor eventuelle Verluste aus Vorjahren ausgeglichen wurden (§ 169 I S. 2 HGB). Auch ein Recht zur Privatentnahme besteht für den Kommanditisten nicht (§ 169 I HGB).

Beispiel:
Maier ist Kommanditist einer KG mit einer Einlage in Höhe von 100.000 €, die er bei Gründung der Gesellschaft voll eingezahlt hat. Im ersten Jahr realisiert die Gesellschaft einen Verlust, von dem laut Vertrag 40.000 € auf Maier entfallen. Im Folgejahr wird ein Gewinn erzielt, von dem 50.000 € auf Maier entfallen. Von dem erzielten Gewinn dürfen nach § 169 I S. 2 HGB nur 10.000 € an Maier ausgezahlt werden, die verbleibenden 40.000 € müssen zur Aufstockung seiner durch den Verlust des Vorjahres geminderten Einlage verwendet werden.

Hinsichtlich des **Gesellschaftsvermögens** gilt für die KG das über die OHG gesagte gleichermaßen (§ 161 II HGB).

Die Haftung der **Gesellschaft** und der **Komplementäre** entspricht ebenfalls der einer OHG bzw. der OHG-Gesellschafter. Hinsichtlich der Haftung des Kommanditisten sind die §§ 171 ff. HGB maßgeblich:

Solange der Kommanditist seine Einlage (noch) nicht geleistet hat, haftet er **unmittelbar persönlich**, hinsichtlich der Höhe jedoch auf den im Handelsregister angemeldeten Betrag **beschränkt** (§ 171 I 1. HS, 172 I HGB). Insofern ist eine Zwangsvollstreckung in das Privatvermögen des Kommanditisten möglich.

Nach geleisteter Einlage haftet der Kommanditist persönlich nicht mehr (§ 171 I 2. HS HGB).

Ein eintretender Kommanditist haftet nach § 173 HGB auch für die vor seinem Eintritt begründeten Verbindlichkeiten. Zu beachten ist weiterhin, dass der Kommanditist **vor Eintragung im Handelsregister** wie ein Komplementär haftet, sofern nicht dem Dritten die Beteiligung als Kommanditist bekannt war und der Kommanditist dem Geschäftsbeginn zugestimmt hat (§ 176 HGB). Die Anwendung dieser Regelung setzt jedoch die Entstehung der KG und damit ein Handelsgewerbe (§ 1 II HGB; § 161 II i.V.m. § 123 HGB) voraus, ansonsten handelt es sich um eine GbR.

Wird dem Kommanditisten seine Einlage zurückgezahlt, dann lebt seine Haftung wieder auf, § 172 IV HGB. Im Falle des Ausscheidens ist seine Haftung jedoch auf 5 Jahre beschränkt (§ 160 HGB).

Hinsichtlich des Ausscheidens von Gesellschaftern gelten für die KG die Vorschriften der OHG. Beim Tod eines Kommanditisten treten die Erben jedoch abweichend vom OHG-Recht dessen Rechtsnachfolge kraft Gesetz an (§ 177 HGB)

Auch bezüglich der Auflösung und Liquidation der Gesellschaft gelten die OHG-Vorschriften entsprechend.

5.   Stille Gesellschaft

Eine stille Gesellschaft liegt vor, **wenn sich jemand am Handelsgewerbe eines Anderen beteiligt**, indem eine **Einlage** geleistet wird, **die in das Vermögen des Anderen übergeht** (§ 230 I HGB). Die stille Gesellschaft tritt als solche nach außen hin nicht in Erscheinung, sie ist eine reine **Innengesellschaft**. Die stille Gesellschaft ist **keine Handelsgesellschaft**, führt keine Firma und ist selbst nicht rechtsfähig.

Die stille Gesellschaft gibt es in handelsrechtlicher Hinsicht nur in einer Grundform, **steuerrechtlich** ist zwischen typischer stiller Gesellschaft (bei der der stille Gesellschafter nur am Gewinn, ggf. am Verlust beteiligt ist) und atypischer stiller Gesellschaft (bei der zusätzlich Beteiligung an den stillen Reserven und i.d.R. auch an der Geschäftsführung vereinbart ist) zu unterscheiden.

Der typische stille Gesellschafter ist insofern kein Mitunternehmer, seine Einkünfte fallen unter § 20 EStG, während der atypische stille Gesellschafter als Mitunternehmer gilt und seine Einkünfte unter § 15 EStG fallen.

Mangels gesetzlicher Regelung kann die Gründung der stillen Gesellschaft durch einen **formfreien Vertrag** erfolgen. Beteiligt sein kann auf der einen Seite derjenige, der ein Handelsgewerbe betreibt (§§ 1 bis 6 HGB, nicht aber z.B. ein Freiberufler) und als stiller Gesellschafter jede natürliche oder juristische Person oder auch eine rechtsfähige Personengesellschaft. Das bisherige Handelsgewerbe bleibt nach außen durch die Gründung der stillen Gesellschaft unberührt.

Die **Geschäftsführung** bei der stillen Gesellschaft obliegt ausschließlich dem **Geschäftsinhaber**. Nach § 233 HGB hat der stille Gesellschafter Einsichts- und Kontrollbefugnisse, jedoch keine Mitspracherechte. Durch den Gesellschaftsvertrag kann der stille Gesellschafter jedoch bestimmte Aufgaben im Zusammenhang mit der Geschäftsführung übertragen bekommen.

Da die stille Gesellschaft eine reine Innengesellschaft ist, entfällt für den stillen Gesellschafter auch das Recht, die Gesellschaft kraft Gesetz zu vertreten. Abgesehen von der gesetzlichen Vertretung ist jedoch die Erteilung einer Vollmacht nach §§ 164 ff. BGB bzw. §§ 48 ff. HGB per Gesellschaftsvertrag möglich.

Hinsichtlich der **Gewinnbeteiligung** ergibt sich für den stillen Gesellschafter das Recht auf Gewinnbeteiligung, mangels Vereinbarung ein „angemessener Anteil" (§ 231 HGB). An **Verlusten** ist der stille Gesellschafter mit einem „angemessenen Anteil" beteiligt, sofern der Vertrag eine Verlustbeteiligung nicht ausschließt (§§ 231, 232 HGB).

Bezüglich der Haftung legt § 230 II HGB fest, dass **der Inhaber** des Handelsgeschäftes aus geschlossenen Geschäften **allein berechtigt und verpflichtet** wird. Eine persönliche Haftung des stillen Gesellschafters scheidet somit aus.

Für den **Insolvenzfall** ergeben sich daher bei der stillen Gesellschaft gegenüber anderen Gesellschaften Besonderheiten: Der stille Gesellschafter kann seine Einlage abzüglich einer eventuellen Verlustbeteiligung als Insolvenzgläubiger geltend machen (§ 236 HGB). Seine Beteiligung wird somit als Fremdkapital behandelt.

Als **Auflösungsgründe** kommen folgende Tatbestände in Betracht:

• Aufhebungsvertrag
• Kündigung nach § 234 I HGB (unter Anwendung der §§ 132, 134, 135 HGB, § 723 BGB)
• Tod des Geschäftsinhabers (nicht aber des stillen Gesellschafters) § 234 II HGB
• Insolvenz des Geschäftsinhabers.

III. Kapitalgesellschaften
1. GmbH und Unternehmergesellschaft (haftungsbeschränkt)

Die GmbH ist eine Gesellschaft mit eigener Rechtspersönlichkeit (= **juristische Person**), die zu jedem gesetzlich zulässigen Zweck von einer oder mehreren Personen gegründet werden kann. Bei der GmbH haftet den Gläubigern nur die Gesellschaft mit ihrem Gesellschaftsvermögen (§§ 1, 13 GmbHG).

Die GmbH ist nach § 13 III GmbHG immer Handelsgesellschaft und damit nach § 6 HGB **immer (Form-) Kaufmann**. Aufgrund des gesetzlich vorgeschriebenen Mindestkapitals ist die GmbH eine **Kapitalgesellschaft**. Die GmbH kann grundsätzlich als Rechtsform zu jedem gesetzlich zulässigen Zweck betrieben werden. Geschäftsanteile können gemäß § 15 GmbHG in notariell beurkundeter Form übertragen werden.

Für die Gründung der GmbH stellt das GmbHG bestimmte Mindestanforderungen auf:

- Gründung durch **eine oder mehrere Personen** (§ 1 GmbHG)
- **notarielle Form** des Gesellschaftsvertrags bzw. des Musterprotokolls (§ 2 GmbHG)
- Mindeststammkapital **25.000 €** (§ 5 GmbHG)
- Nennbetrag eines Geschäftsanteils **1 €**, höhere durch 1 € ganzzahlig teilbar (§ 5 GmbHG)

Die Gründung der GmbH läuft in folgenden Stufen ab:

1. Abschluss eines Gesellschaftsvertrags in **notarieller Form** durch einen oder mehrere Gesellschafter (§§ 1, 2 GmbHG). Bei bis zu 3 Gesellschaftern und einem Geschäftsführer kann das in der Anlage zum GmbHG bestimmte Musterprotokoll verwendet werden. Gesellschafter kann jede natürliche oder juristische Person, auch eine OHG oder KG sein. Der Gesellschaftsvertrag muss mindestens Angaben über **Firma** und **Sitz** der Gesellschaft, **Gegenstand des Unternehmens**, **Betrag des Stammkapitals** und die von jedem Gesellschafter übernommenen **Geschäftsanteile** enthalten (§ 3 GmbHG).
2. Bestellung des oder der Geschäftsführer, sofern diese nicht bereits durch den Gesellschaftsvertrag erfolgt ist (§ 6 I GmbHG).
3. **Leistung der vereinbarten Einlagen**. Sacheinlagen müssen voll erbracht werden, bei Geldeinlagen ist auf jeden Geschäftsanteil mindestens ¼ einzuzahlen, insgesamt müssen die geleisteten Einlagen mindestens 12.500 € erreichen (§ 7 II GmbHG). Bei Sacheinlagen ist ein Sachgründungsbericht (§ 5 IV GmbHG) zu erstellen, die Bewertung ist mit Unterlagen zu belegen.

Beispiel:
Anton und Beate wollen eine GmbH mit einem Stammkapital in Höhe von
25.000 € gründen. Beide Gesellschafter übernehmen einen Geschäftsanteil
von je 12.500 €. Die Gründung soll als Bargründung erfolgen.
Um die Voraussetzungen des § 7 II GmbHG zu erfüllen, müssen beide Gesellschafter bei gleich hohen Einzahlungen je 6.250 € auf ihren Geschäftsanteil einzahlen. Sollen die Einzahlungen nicht gleich hoch sein, könnte z.b.
Anton auch (mindestens) 3.125 € einzahlen, Beate müsste dann 9.375 € einzahlen.

4. **Anmeldung zum Handelsregister und Eintragung.** Die Anmeldung zum
   Handelsregister muss durch den Geschäftsführer in öffentlich beglaubigter
   Form erfolgen (§§ 7, 78 GmbHG, § 12 HGB). Der Anmeldung sind die in § 8
   GmbHG genannten Unterlagen beizufügen. Mit Eintragung im HR entsteht
   die GmbH als juristische Person (§ 11 I GmbHG), davor (ab Beurkundung
   des Vertrags) existiert sie als „Vorgesellschaft", für die die Vorschriften über
   die GmbH anzuwenden sind, sofern sie nicht die Rechtsfähigkeit erfordern.
   Der Zusammenschluss mehrerer Personen zum Zweck der Gründung einer
   GmbH (Vorgründungsgesellschaft) ist demgegenüber i.d.R. eine GbR, die mit
   Beurkundung des GmbH-Vertrags durch Zweckerreichung beendet wird.

Die GmbH benötigt zwingend einen oder mehrere **Geschäftsführer** (§ 6
I GmbHG). Ein Geschäftsführer muss nicht unbedingt Gesellschafter sein (§ 6
III GmbHG).

Geschäftsführer einer GmbH kann nur eine voll geschäftsfähige natürliche Person werden, die innerhalb der letzten fünf Jahre nicht wegen Insolvenzstraftaten
(§§ 283 ff. StGB) oder vergleichbaren Straftaten verurteilt wurde und der nicht
die Berufsausübung untersagt wurde (§ 6 II GmbHG).

Die Bestellung der Geschäftsführer kann durch den Gesellschaftsvertrag (§ 6 III
GmbHG) oder die Gesellschafterversammlung (§ 46 Nr. 5 GmbHG) erfolgen.
Grundsätzlich kann die Bestellung zum Geschäftsführer jederzeit (§ 38
I GmbHG) durch die Gesellschafterversammlung (§ 46 Nr. 5 GmbHG) widerru-
fen werden.

Dem Geschäftsführer der GmbH obliegt die **Geschäftsführung** sowie die **Vertretung** der Gesellschaft (§ 35 GmbHG). Die Vertretungsbefugnis umfasst alle
gerichtlichen und außergerichtlichen Geschäfte (§ 35 I GmbHG), wobei mehrere
Geschäftsführer im Zweifel nur Gesamtvertretungsbefugnis haben (§ 35 II
GmbHG).

Eine Beschränkung der Vertretungsmacht ist zwar im Innen- (§ 37 I GmbHG), nicht aber im Außenverhältnis möglich (§ 37 II GmbHG).

Beispiel:
Walter Müller ist zum allein vertretungsberechtigten Geschäftsführer der Maschinenfabrik Odental GmbH bestellt worden. Die Eintragung ist auch im Handelsregister erfolgt. Im Gesellschaftsvertrag der Odental GmbH und auch im Arbeitsvertrag des Geschäftsführers Walter Müller ist bestimmt, dass Anschaffungen über 50.000 € der Genehmigung der Gesellschafterversammlung bedürfen.
Trotzdem bestellt Walter Müller bei der Meier & Co. KG eine Maschine im Wert von 75.000 €, die nach Auffassung der Gesellschafter nicht benötigt wird.

Die Meier & Co. KG kann von der Odental GmbH Zahlung von 75.000 € nach § 433 II BGB verlangen, da zwischen beiden ein wirksamer Kaufvertrag besteht. Die Vertretungsbefugnis des Geschäftsführers kann zwar im Innenverhältnis durch den Gesellschaftsvertrag wirksam beschränkt werden, § 37 I GmbHG, die Beschränkung gilt jedoch nicht gegenüber Dritten, § 37 II GmbHG. Müller hat die GmbH somit nach § 35 I GmbHG wirksam vertreten. Davon unberührt bleibt ein möglicher Schadensersatzanpruch der GmbH gegenüber dem Geschäftsführer.

Zu den Aufgaben der Geschäftsführer gehört es, nach § 40 I GmbHG Veränderungen des Gesellschafterbestands zum Handelsregister anzumelden, gemäß § 41 GmbHG für eine ordnungsgemäße Buchführung zu sorgen sowie nach § 42a I GmbHG Jahresabschluss und Lagebericht unverzüglich nach Aufstellung den Gesellschaftern zur Feststellung vorzulegen.

Die **Gesellschafterversammlung** ist oberstes Organ der GmbH. Die Kompetenzen der GmbH-Gesellschafter sind relativ weitgehend. Die Aufgaben der Gesellschafterversammlung ergeben sich aus dem Gesellschaftsvertrag, ersatzweise aus § 46 GmbHG:

• Feststellung des Jahresabschlusses und Verwendung des Ergebnisses
• Einforderung der Einlagen
• Rückzahlung von Nachschüssen
• Teilung, Zusammenlegung und Einziehung von Anteilen
• Bestellung und Abberufung der Geschäftsführer
• Prüfung und Überwachung der Geschäftsführung
• Bestellung von Prokuristen und Handlungsbevollmächtigten
• Geltendmachung von Ansprüchen und Vertretung gegenüber Geschäftsführern.

Die Beschlussfassung in der Gesellschafterversammlung erfolgt nach einfacher Mehrheit, wobei je 1 € eines Geschäftsanteils eine Stimme gewährt (§ 47 GmbHG). Beschlüsse zur **Änderungen des Gesellschaftsvertrags** bedürfen einer ¾ - Mehrheit und notarieller Beurkundung (§ 53 GmbHG).

Damit die Gesellschafterversammlung beschlussfähig ist, muss sie durch eingeschriebenen Brief mit einer Frist von mindestens einer Woche einberufen werden (§ 51 I GmbHG). Sind alle Gesellschafter anwesend, so ist die Beschlussfähigkeit auch bei nicht ordnungsgemäßer Einberufung gegeben (§ 51 III GmbHG).

Ein Aufsichtsrat der GmbH muss gebildet werden, wenn es **durch den Gesellschaftsvertrag festgelegt** ist oder die GmbH **mehr als 500 Arbeitnehmer** beschäftigt (§ 52 GmbHG, § 1 I Nr. 3 DrittelbG). Für den Aufsichtsrat der GmbH kommen im Wesentlichen die Bestimmungen des AktG über den Aufsichtsrat zur Anwendung.

Gewinne der GmbH sind nach Geschäftsanteilen zu verteilen (§ 29 GmbHG). Eine Auszahlung zulasten des Stammkapitals ist unzulässig (§ 30 GmbHG), Verstöße gegen dieses Verbot führen zu persönlicher Haftung (§ 31 GmbHG).

Verluste gehen zu Lasten des Gesellschaftsvermögens. Deckt das Vermögen die Schulden der GmbH nicht mehr (Überschuldung) oder ist die Gesellschaft zahlungsunfähig, so besteht Insolvenzantragspflicht (§ 15a I InsO).

Die GmbH ist nach Eintragung im Handelsregister als juristische Person entstanden, verfügt über eigenes Vermögen und ist selbst Träger von Rechten und Pflichten. Nach § 13 II GmbHG **haftet bei der GmbH** den Gläubigern **nur die Gesellschaft mit dem (gesamten) Gesellschaftsvermögen**. Die Gesellschaft haftet auch für schadensersatzpflichtige Handlungen ihrer Organe (§ 31 BGB).

Die Gesellschafter haften persönlich nicht, soweit sie ihre Einlagen geleistet haben (§§ 19 ff. GmbHG). Der Gesellschaftsvertrag kann allerdings eine Nachschusspflicht der Gesellschafter vorsehen (§§ 26 ff. GmbHG). Ein Gesellschafter, der eine Sacheinlage zu leisten hat, haftet bei überbewerteten Sacheinlagen für den Fehlbetrag (§ 9 GmbHG). Gleiches gilt für verdeckte Sacheinlagen (§ 19 IV GmbHG).

Eine Besonderheit gilt für die Vorgesellschaft (GmbH i.G.) mangels Rechtsfähigkeit (§ 11 I GmbHG): Vor Eintragung der Gesellschaft haften die in ihrem Namen Handelnden persönlich, § 11 II GmbHG. Die Gesellschafter einer Vor-GmbH haften nach h.M. nur im Innenverhältnis entsprechend ihrer Beteiligung am Gesellschaftsvermögen, jedoch der Höhe nach unbeschränkt.

Eine unmittelbare Haftung der Gründer besteht ausnahmsweise bei Vermögenslosigkeit der Vor-GmbH.[28] Mit Eintragung der GmbH gehen Verbindlichkeiten aus der Vorgesellschaft auf die GmbH über, für die Gesellschafter kommt eine eventuelle Unterbilanzhaftung in Betracht.

Die **Haftung des GmbH-Geschäftsführers** gegenüber der GmbH bestimmt sich nach § 43 GmbHG. Verschuldensmaßstab ist die Sorgfalt eines ordentlichen Geschäftsmannes (§ 43 I GmbHG). Danach haftet der Geschäftsführer insbesondere:

• bei schuldhafter Verletzung der Geschäftsführerpflichten, § 43 II GmbHG
• bei Zahlungen zu Lasten des Stammkapitals entgegen § 30 GmbHG nach § 43 III GmbHG
• beim Erwerb eigener Anteile entgegen § 33 GmbHG nach § 43 III GmbHG

Ein weiterer wichtiger Haftungstatbestand ist in § 64 GmbHG festgelegt. Hiernach haften die Geschäftsführer für Zahlungen nach Eintritt der Zahlungsunfähigkeit oder Überschuldung.

Die **Auflösung** der GmbH sieht § 60 GmbHG in folgenden Fällen vor:
• Zeitablauf
• Gesellschafterbeschluss mit ¾ - Mehrheit
• Gerichtsurteil
• Insolvenzeröffnung oder Ablehnung mangels Masse
• Verfügung des Registergerichtes nach § 399 FamFG
• Vermögenslosigkeit nach § 394 FamFG
• Auflösungsgrund laut Gesellschaftsvertrag.

Die **Liquidation** der GmbH ist in den §§ 65 ff. GmbHG geregelt. Nach der Bestellung der Liquidatoren (i.d.R. sind die Geschäftsführer Liquidatoren, § 66 GmbHG) erfolgt die Anmeldung der Auflösung und der Liquidatoren zum Handelsregister (§§ 65 I, 67 I GmbHG). Die Liquidatoren haben die Auflösung in den in der Satzung vorgesehenen Gesellschaftsblättern (i.d.R. im elektronischen Bundesanzeiger) bekanntzumachen, verbunden mit der Aufforderung an die Gläubiger, sich bei der Gesellschaft zu melden (§ 65 II GmbHG). Während der Liquidation ist der Firma ein auf die Liquidation hinweisender Zusatz beizufügen (§ 68 II GmbHG), meist „GmbH i.L.".

Die Liquidatoren haben die laufenden Geschäfte zu beenden, die Forderungen einzuziehen, die Vermögensgegenstände zu Geld zu machen und die Verbindlichkeiten zu begleichen (§ 70 GmbHG). Das verbleibende Vermögen ist nach Ablauf des Sperrjahres (§ 73 GmbHG) unter den Gesellschaftern nach dem Verhältnis der Geschäftsanteile zu verteilen (§ 72 GmbHG).

---

[28] *BGH*, Urteil vom 27. Januar 1997 – II ZR 123/95.

Die Beendigung der Liquidation ist zum Handelsregister anzumelden, danach wird die Gesellschaft gelöscht (§ 74 GmbHG).

Abweichend von § 5 I GmbHG kann eine Gesellschaft auch mit einem **Stammkapital unter 25.000 €** gegründet werden (§ 5a I GmbHG, sogenannte „Mini-GmbH"). Diese hat entgegen § 4 GmbHG die Bezeichnung **„Unternehmergesellschaft (haftungsbeschränkt)"** oder „UG (haftungsbeschränkt)" zu führen.

Bei der UG sind **nur Bareinlagen** zulässig, das **Stammkapital** muss zur Handelsregistereintragung generell **voll eingezahlt** sein (§ 5a II GmbHG).

Die UG hat eine **gesetzliche Rücklage** zu bilden, in die ¼ **des Jahresüberschusses** einzustellen sind. Die Rücklage darf nur zur Kapitalerhöhung (§ 57c GmbHG) oder zum Verlustausgleich verwendet werden (§ 5a III GmbHG). Diese Pflicht entfällt, wenn die Gesellschaft ihr Stammkapital auf mindestens 25.000 € erhöht, dann ist auch eine Umfirmierung in „GmbH" zulässig.

2. Aktiengesellschaft

Die Aktiengesellschaft ist eine Gesellschaft mit eigener Rechtspersönlichkeit (= **juristische Person**), bei der ein **in Aktien zerlegtes Grundkapital** vorhanden ist und für deren Verbindlichkeiten nur das Gesellschaftsvermögen haftet (§ 1 AktG).

Die AG ist nach § 3 AktG immer Handelsgesellschaft und damit nach § 6 HGB **immer (Form-) Kaufmann**. Als **Kapitalgesellschaft** ist das Grundkapital und nicht die Person des Gesellschafters maßgeblich. Die AG ist die typische Rechtsform von Großunternehmen. Sie bietet die Möglichkeit, durch die Vielzahl der potentiellen Geldgeber und durch den Börsenzugang große Kapitalmengen anzusammeln.

Bei den **Aktien** sind hinsichtlich der Mitgliedschaftsrechte Stammaktien und Vorzugsaktien zu unterscheiden. Stammaktien stellen den Normalfall dar und geben allgemeines Stimmrecht sowie Recht auf normalen Dividendenbezug und Liquidationsanteil. Vorzugsaktien können ohne Stimmrecht ausgegeben werden (§ 139 I AktG). Sie sind mit Anspruch auf Vorzugsdividende und Vorzugserlös bei der Liquidation verbunden.

Normalerweise sind Aktien Inhaberaktien und können somit nach §§ 929 ff. BGB wie bewegliche Sachen übertragen werden. Eine Besonderheit stellen Namensaktien (§§ 67, 68 AktG) dar, die durch Indossament, ggf. mit Zustimmung der AG, übertragen werden können. Über die Namensaktien wird ein Aktienbuch geführt, in dem die Inhaber eingetragen sind.

Aktien können als Nennwert- oder Stückaktien ausgegeben werden (§ 8 I AktG). Nennwertaktien lauten auf einen bestimmten Betrag in Euro, Stückaktien lauten auf keinen bestimmten Betrag. Ihr rechnerischer Nennwert ergibt sich durch Division des Grundkapitals durch die Anzahl der ausgegebenen Aktien.

Mit dem Aktienbesitz sind insbesondere folgende Rechte verbunden:

• Gewinnanspruch (§§ 58 IV, 60 AktG)
• Auskunftsrecht (§ 131 AktG)
• Stimmrecht (§ 134 AktG)
• Bezugsrecht „junger" Aktien (§ 186 AktG)
• Anspruch auf Anteil am Liquidationserlös (§ 271 AktG).

Für die Gründung der Aktiengesellschaft sind zunächst bestimmte **Mindestanforderungen** zu beachten:

• Gründung durch **eine oder mehrere Personen** (§ 2 AktG)
• Mindestgrundkapital von **50.000 €** (§ 7 AktG)
• Mindestnennbetrag der **Aktien von 1 €**, höhere Nennbeträge müssen jeweils auf volle Euro lauten (§ 8 AktG) oder **Stückaktien**
• Feststellung einer **notariell beurkundeten Satzung** durch die Gründer (§ 23 AktG).

Die Satzung einer AG muss mindestens folgende Punkte enthalten (§ 23 AktG):

• Gründer
• Aktiennennbeträge bzw. Anzahl, Ausgabebetrag und Gattungen
• Grundkapital
• Firma und Sitz
• Gegenstand des Unternehmens
• Zahl der Vorstandsmitglieder
• Bestimmung der Form von Bekanntmachungen.

Weitere Bestimmungen können bei Bedarf ergänzt werden.

Die **Gründung** der AG verläuft **in mehreren Stufen:**

1. Feststellung der Satzung durch den oder die Gründer und durch notarielle Beurkundung (§§2, 23 AktG). Die Satzungsurkunde muss den Mindestinhalt lt. § 23 II, III AktG enthalten.
2. Übernahme aller Aktien durch die Gründer, damit ist die Gesellschaft errichtet, aber noch nicht rechtsfähig (§ 29 AktG)
3. Bestellung des ersten Aufsichtsrats und der Abschlussprüfer durch die Gründer sowie des ersten Vorstands durch den Aufsichtsrat (§ 30 AktG)
4. Mindesteinzahlung in Höhe von ¼ des Aktiennennbetrages, Sacheinlagen sind in voller Höhe zu leisten (§§ 36 II, 36a AktG)
5. Erstellung des Gründungsberichtes und Gründungsprüfung (§§ 32 bis 35 AktG)
6. Handelsregisteranmeldung und -eintragung (§§ 36 ff. AktG); erst mit der Eintragung im HR erlangt die AG ihre Rechtsfähigkeit (§ 41 I AktG), davor besteht sie als „Vorgesellschaft", auf die die Bestimmungen des AktG anzuwenden sind, soweit nicht die Rechtsfähigkeit erforderlich ist.

Die AG als juristische Person benötigt für ihre Handlungsfähigkeit drei Organe:

• den Vorstand (§§ 76 bis 94 AktG)
• den Aufsichtsrat (§§ 95 bis 116 AktG)
• die Hauptversammlung (§§ 118 bis 147 AktG).

Der Vorstand der AG **leitet eigenverantwortlich die Gesellschaft** (§ 76 AktG). Ihm obliegt die **Geschäftsführung** (§ 77 AktG) und **Vertretung** (§ 78 AktG) der AG, er stellt den gesetzlichen Vertreter der AG dar. Der Vorstand ist aus der in der Satzung bestimmten Zahl von Mitgliedern zu bilden, wobei mehrere Mitglieder im Zweifel nur gemeinsam Geschäftsführungs- und Vertretungsberechtigt sind.

Vorstandsmitglied kann nur eine voll geschäftsfähige natürliche Person sein, die nicht innerhalb von 5 Jahren wegen einer Insolvenzstraftat (§§ 283ff. StGB) verurteilt wurde (§ 76 III AktG). Der Vorstand wird für maximal 5 Jahre durch den Aufsichtsrat bestellt (§ 84 I AktG). Die Bestellung kann aus wichtigem Grund (vgl. § 84 III AktG) widerrufen werden.

Der Aufsichtsrat ist das **Kontrollorgan der AG.** Die Anzahl der Aufsichtsratsmitglieder ergibt sich aus der Satzung der AG unter Berücksichtigung des § 95 AktG zu mindestens drei Mitgliedern und in Abhängigkeit vom Grundkapital zu maximal einundzwanzig.

Bei Unternehmen über 500 Arbeitnehmern ist jedoch das **Mitbestimmungsrecht** (DrittelbG, MontanMitbestG, MitbestG) zu beachten, welches dem Aktienrecht vorgeht. Nach diesen Gesetzen werden in unterschiedlichem Umfang Arbeitnehmervertreter am Aufsichtsrat beteiligt.

Die Anteilseignervertreter im Aufsichtsrat werden von der Hauptversammlung (§ 101 AktG) gewählt. Aufsichtsratsmitglied kann nur eine voll geschäftsfähige natürliche Person sein.

Dem Aufsichtsrat obliegen insbesondere folgende **Aufgaben**:

• Bestellung und Abberufung des Vorstands § 84 AktG
• Überwachung des Vorstands § 111 AktG
• Vertretung der AG gegenüber dem Vorstand § 112 AktG
• Prüfung (ggf. Feststellung) des Jahresabschlusses §§ 171, 172 AktG.

Die Hauptversammlung ist als Versammlung der Anteilseigner das höchste Organ der AG. Die Hauptversammlung ist zuständig (§ 119 AktG) für:

• die Wahl der Aufsichtsratsmitglieder der Anteilseigner
• den Beschluss über die Verwendung des Bilanzgewinns
  Hierbei ist zu beachten, dass solange mindestens $1/20$ des Jahresüberschusses abzüglich eines eventuellen Verlustvortrages in die gesetzliche Rücklage einzustellen ist, bis gesetzliche und Kapitalrücklage mindestens 10% des Grundkapitals betragen (§ 150 AktG). Weiterhin kann der Vorstand maximal die Hälfte des Jahresüberschusses in andere Gewinnrücklagen einstellen (§ 58 AktG).
• Bestellung der Abschlussprüfer
• Satzungsänderungen
• Auflösung und Verschmelzung der Gesellschaft.

Die Hauptversammlung ist in den gesetzlich oder satzungsmäßig vorgeschriebenen Fällen (§ 121 AktG) sowie auf Verlangen einer Minderheit mit $1/20$ Grundkapitalanteil (§ 122 AktG) einzuberufen. Die Beschlüsse der Hauptversammlung werden regelmäßig mit einfacher Mehrheit (§ 133 AktG), bei Satzungsänderungen, Auflösungsbeschlüssen und Kapitalveränderungen mit ¾ - Mehrheit gefasst (§ 179 AktG). Die Stimmrechte ergeben sich aus den Aktiennennbeträgen.

Gewinne der AG sind nach Aktienanteilen zu verteilen (§ 60 AktG). **Verluste** gehen zu Lasten des Gesellschaftsvermögens. Deckt das Vermögen die Schulden der AG nicht mehr (Überschuldung), so besteht Insolvenzantragspflicht (§ 15a I InsO).

Die AG ist nach Eintragung im Handelsregister als juristische Person entstanden, verfügt über eigenes Vermögen und ist selbst Träger von Rechten und Pflichten. Nach § 1 I S. 2 AktG **haftet bei der AG** den Gläubigern **nur das (gesamte) Gesellschaftsvermögen**. Die Gesellschaft haftet auch für schadensersatzpflichtige Handlungen ihrer Organe (§ 31 BGB). Die Aktionäre haften persönlich nicht.

Eine Besonderheit gilt für die Vorgesellschaft mangels Rechtsfähigkeit (§ 41 AktG): Vor Eintragung der Gesellschaft haften die in ihrem Namen Handelnden persönlich.

Die Aktiengesellschaft wird nach § 262 AktG aufgelöst durch:

• Zeitablauf
• Beschluss der Hauptversammlung mit ¾ - Mehrheit
• Insolvenzeröffnung
• Ablehnung des Insolvenzverfahrens mangels Masse
• Verfügung des Registergerichtes nach § 399 FamFG
• Vermögenslosigkeit nach § 394 FamFG
• Eintritt eines satzungsmäßigen Auflösungsgrundes.

Nach der Auflösung findet die **Abwicklung** (Liquidation) nach Maßgabe der §§ 264 ff. AktG statt. Abwickler sind die Vorstandsmitglieder (§ 265 I AktG). Diese sind zur Eintragung in das Handelsregister anzumelden (§ 266 I AktG).

Zum Schutz der Gläubiger sind diese nach § 267 AktG unter Hinweis auf die Auflösung zur Anspruchsanmeldung aufzufordern. Die Aufforderung ist in den Gesellschaftsblättern bekannt zu machen. Während der Abwicklung ist der Firma ein auf die Liquidation hinweisender Zusatz beizufügen (§ 269 VI AktG), i.d.R. „AG i. Abw." oder „AG i.L.".

Die Abwickler haben die laufenden Geschäfte zu beenden, die Forderungen einzuziehen, die Vermögensgegenstände zu Geld zu machen und die Verbindlichkeiten zu begleichen (§ 268 AktG). Das verbleibende Vermögen ist nach Ablauf des Sperrjahres (§ 272 AktG) unter den Aktionären nach dem Verhältnis der Anteile am Grundkapital zu verteilen (§ 271 AktG). Die Beendigung der Liquidation ist zum Handelsregister anzumelden, danach wird die Gesellschaft gelöscht (§ 273 AktG).

IV.   Weitere Rechtsformen
1.   Mischformen

Neben den „reinen" Rechtsformen kommen in der Praxis häufig Mischformen von Gesellschaften vor. Diese verfolgen i.d.R. das Ziel, die Vorteile verschiedener Rechtsformen miteinander zu verbinden.

Der „Prototyp" der Mischformen ist die **GmbH & Co. KG**. Eine GmbH & Co. KG ist eine Kommanditgesellschaft, bei der i.d.R. einziger Komplementär eine GmbH ist.

Sind die Kommanditisten auch an der GmbH im gleichen Verhältnis beteiligt wie an der KG, spricht man von einer „personen- und beteiligungsgleichen" bzw. oder typischen GmbH & Co. KG.

Die Gründung einer GmbH & Co. KG erfolgt in zwei Stufen:
1. Stufe: Gründung der GmbH nach Maßgabe des GmbHG
2. Stufe: Gründung der Kommanditgesellschaft

Die GmbH & Co. KG ist zwar die weitaus häufigste, aber nicht die einzig mögliche Verknüpfung von Personen- und Kapitalgesellschaften. Möglich ist z.B. auch die UG (haftungsbeschränkt) & Co. KG, die AG & Co. KG, die Stiftung & Co. KG oder die GmbH & Co. OHG bzw. die AG & Co. OHG.

Die **KGaA** ist eine gesetzlich geregelte Mischform zwischen AG und KG. Sie ist eine juristische Person mit der Besonderheit, dass den Gläubigern mindestens eine Person persönlich haftet (§ 278 AktG). Für die Rechtsstellung des persönlich haftenden Gesellschafters ist das Recht der KG (§§ 161 ff. HGB) maßgeblich, während für die Kommanditaktionäre und die KGaA selbst das Aktienrecht Anwendung findet. Der wichtigste Unterschied gegenüber der AG ergibt sich daraus, dass bei der KGaA der Vorstand durch den (oder die) persönlich haftenden Gesellschafter ersetzt wird.

Die KGaA ermöglicht es damit, durch die Ausgabe von Aktien am Kapitalmarkt zusätzliches Eigenkapital zu beschaffen, gleichzeitig aber die Führung der Gesellschaft in den Händen der persönlich haftenden (Minderheits-) Gesellschaftern zu behalten.

Als zulässige Form kommt auch die **GmbH & Co. KGaA** in Betracht, bei der einzig persönlich haftender Gesellschafter eine GmbH ist.[29]

---

[29] *BGH*, Beschluss vom 24. Februar 1997 - II ZB 11/96.

2. Genossenschaft

Die **Genossenschaft** ist eine Gesellschaft mit offener Mitgliederzahl, welche die Förderung des Erwerbs oder der Wirtschaft ihrer Mitglieder mit einem gemeinschaftlichen Geschäftsbetrieb bezweckt (§ 1 I GenG).

Eine Genossenschaft ist rechtsfähig und **juristische Person** (§ 17 I GenG) sowie **Kaufmann** (§ 17 II GenG), aber keine Kapitalgesellschaft.

Genossenschaften sind als Rechtsform typischerweise in folgenden Bereichen zu finden:
- Konsumgenossenschaften im Handel
- Genossenschaftsbanken
- Wohnungswirtschaft
- Landwirtschaft.

Die **Gründung** läuft folgendermaßen ab:

1. Feststellung des Statutes in schriftlicher Form durch mindestens 3 Personen (§ 4 GenG) mit dem Inhalt entsprechend der §§ 6 bis 8 GenG.
2. Berufung des Aufsichtsrats und Wahl des Vorstands durch den Aufsichtsrat (§ 9 GenG)
3. Anmeldung der Genossenschaft zum Genossenschaftsregister und Eintragung. Die Anmeldung hat durch den Vorstand beim Amtsgericht (§ 10 GenG) zu erfolgen. Mit der Eintragung entsteht die Gesellschaft als solche, davor zählt sie als Vorgesellschaft, auf die die Vorschriften des GenG insoweit anzuwenden sind, als sie die Rechtsfähigkeit nicht erfordern (§ 13 GenG).

Als Körperschaft benötigt die Genossenschaft folgende **Organe**:

1. den Vorstand als Geschäftsführungs- und Vertretungsorgan (§§ 24 ff. GenG)
2. den Aufsichtsrat als Kontrollorgan (§§ 36 ff. GenG)
3. die Generalversammlung als Beschlussorgan (§§ 43 ff. GenG).

Die **Gewinn- und Verlustverteilung** erfolgt nach Geschäftsguthaben (§ 19 I GenG).

Die Genossenschaft ist juristische Person und somit selbständiger Träger von Rechten und Pflichten. Folgerichtig legt § 2 GenG fest, dass den Gläubigern nur das (gesamte) Genossenschaftsvermögen haftet. Die Satzung kann aber auch bestimmen, dass im Falle der Insolvenz Nachschusspflichten bestehen (§ 22a GenG).

Als **Auflösungsgründe** kommen für die Genossenschaft nach den §§ 78 ff. GenG in Betracht:

- Beschluss der Generalversammlung mit ¾ - Mehrheit
- Zeitablauf
- Gerichtsurteil
- Verschmelzung
- Insolvenz.

3. Verein

Der **Verein** ist eine Vereinigung mehrerer Personen zur Förderung eines gemeinsamen Zweckes, wobei eine einheitliche Organisation vorliegt und der Bestand vom Mitgliederwechsel unabhängig ist.

Bei Vereinen ist zunächst zwischen **rechtsfähigen** und **nicht rechtsfähigen** zu unterscheiden, wobei der nicht rechtsfähige Verein im Wesentlichen dem Recht der GbR unterstellt ist (§ 54 BGB).

Die Rechtsfähigkeit erlangt ein ideeller Verein (d.h. ein Verein ohne wirtschaftliche Zielstellung) durch Eintragung im Vereinsregister (§ 21 BGB), der wirtschaftliche Verein (d.h. ein Verein, der auf einen wirtschaftlichen Geschäftsbetrieb ausgerichtet ist) mangels Unterstellung unter gesetzlich geregelte Sonderformen (AG, GmbH, eG etc.) durch Verleihung (§ 22 BGB). Dies spielt jedoch nur dann eine Rolle, wenn eine andere Rechtsform den Umständen nach unzumutbar ist, was äußerst selten zutrifft.

Für die **Gründung** eines Vereins ist es zunächst notwendig, dass ein Gründungsvertrag zwischen den Gründern abgeschlossen wird. Um die Rechtsfähigkeit zu erlangen, sind mindestens 7 Mitglieder erforderlich (§§ 56, 60 BGB). Durch die Gründer ist eine Satzung zu erstellen (§§ 57, 58 BGB).

Nach Abschluss des Gründungsvertrags und Beschluss der Satzung ist der Verein (zunächst als nicht rechtsfähiger Verein) entstanden.

Die Mitglieder haben nun den ersten Vorstand zu wählen.

Der Vorstand hat den Verein unter Hinzufügung der Satzung (in Urschrift und Kopie) und einer Abschrift der Bestellungsurkunde des Vorstands beim Amtsgericht zur Eintragung anzumelden (§§ 55, 59 BGB), wobei öffentlich beglaubigte Form erforderlich ist (§ 77 BGB). Nach der Eintragung, welche öffentlich bekannt zu machen ist (§ 66 BGB), erhält der Verein den Zusatz „e.V." und die Rechtsfähigkeit (§§ 21, 65 BGB).

Der Verein ist durch seine **Organe** handlungsfähig. Die Organe des Vereins sind:

1. die Mitgliederversammlung als Beschlussorgan (§ 32 BGB) und
2. der Vorstand als Geschäftsführungs- und Vertretungsorgan (§ 26 BGB)

Aufgrund der Rechtsfähigkeit des Vereins haftet den Gläubigern des Vereins nur das Vereinsvermögen. Die Vereinsmitglieder haften persönlich nicht. Vor der Erlangung der Rechtsfähigkeit haften für Rechtsgeschäfte, die für den Verein abgeschlossen werden, die Handelnden (§ 54 BGB). Diese Haftung geht bei Erlangung der Rechtsfähigkeit auf den Verein über.

Der rechtsfähige Verein kann aufgelöst werden oder seine Rechtsfähigkeit verlieren. Der Verlust der Rechtsfähigkeit muss nicht zwangsläufig zur Auflösung führen, eine Fortsetzung als nicht rechtsfähiger Verein ist möglich.

Auflösungsgründe sind insbesondere:

- Beschluss der Mitgliederversammlung (§ 41 BGB)
- Insolvenzeröffnung (§ 42 BGB)
- Verbot (§§ 3, 7 VereinsG)
- Zeitablauf.

Zum Verlust der Rechtsfähigkeit können führen:

- Entzug (z.B. wegen wirtschaftlicher Zweckverfolgung beim Idealverein) § 43 BGB
- Entzug bei Sinken der Mitgliederzahl unter drei (§ 73 BGB).

4.   Versicherungsverein auf Gegenseitigkeit

Der Versicherungsverein auf Gegenseitigkeit (VVaG) ist eine spezielle Unternehmensform, die **nur für Versicherer** in Betracht kommt. Eine Besonderheit besteht darin, dass die **Versicherten Mitglieder** sind (§ 20 VAG). Die gesetzlichen Regelungen zu dieser Rechtsform sind im Versicherungsaufsichtsgesetz (§§ 15 ff. VAG) enthalten. Ein VVaG ist rechtsfähig und unterliegt dem Handelsrecht (§§ 15, 16 VAG). Den Gläubigern gegenüber haftet nur der Verein mit seinem Vereinsvermögen (§ 19 VVaG).

Die **Gründung** erfolgt durch notariell beurkundete Satzung (§ 17 VAG). Er erlangt die Rechtsfähigkeit durch Erlaubnis der Aufsichtsbehörde (§ 15 VAG).

Die **Organe** des VVaG sind (§ 29 VVaG):
• der Vorstand als Geschäftsführungsorgan,
• der Aufsichtsrat als Kontrollorgan und
• die oberste Vertretung, d.h. die Mitglieder- oder Delegiertenversammlung.

Die Regelungen zu den Organen (§§ 34 ff. VAG) sind dem Aktienrecht entlehnt.

5. Reederei

Eine Reederei („Partenreederei") ist eine Personengesellschaft, bei der mehrere Personen (Mitreeder) ein ihnen **gemeinschaftlich gehörendes Schiff** zum Erwerb durch die Seefahrt betreiben (§ 489 HGB).

Die Gesellschaft entsteht durch formfreien Vertrag der Schiffseigner (§ 490 HGB), der die Rechte und Pflichten der Gesellschafter bestimmt.

Geschäftsführung und **Vertretung** stehen den Mitreedern gemeinsam zu, sofern sie nicht per Mehrheitsbeschluss einem Mitreeder oder einstimmig einem Dritten („Korrespondentreeder") übertragen werden (§ 492 HGB). Bei der Beschlussfassung entscheidet die Mehrheit der Stimmen. Die Stimmen werden nach der Größe der Anteile der Mitreeder („Schiffsparten") bestimmt (§ 491 HGB).

Die Mitreeder haften nach § 507 I HGB für die Verbindlichkeiten der Reederei persönlich nach dem Verhältnis ihrer Anteile („Schiffsparten").

6. Societas Europea

Die **Europäische Gesellschaft (Societas Europaea**, kurz **SE**) ist eine Rechtsform für Aktiengesellschaften in der EU.

Rechtsgrundlage sind die **SE-Verordnung** und das SE-Ausführungsgesetz.

Die SE ist wie die AG eine **Gesellschaft mit eigener Rechtspersönlichkeit** (juristische Person). Sie hat ein in Aktien zerlegtes Mindestkapital von 120.000 €.

Es bestehen vier verschiedene Möglichkeiten zur **Gründung**:

- Zusammenschluss von bestehenden Gesellschaften
- Gründung einer Holding-Gesellschaft
- Gründung einer gemeinsamen Tochter-Gesellschaft
- Umwandlung einer nationalen Aktiengesellschaft.

Grundsätzlich können sich nur Gesellschaften aus EU-Mitgliedstaaten an der Gründung beteiligen. Eine wesentliche Voraussetzung für die Gründung einer SE ist ein **grenzüberschreitend**es Element, d.h. die Gesellschaften müssen aus verschiedenen Mitgliedsstaaten kommen bzw. Tochtergesellschaften in anderen Mitgliedsstaaten haben.

Die **Geschäftsführung, Vertretung und Kontrolle** der Gesellschaft kann auf zwei Arten erfolgen:

- dualistisches System: Vorstand und Aufsichtsrat (wie bei der deutschen AG)
- monistisches System: Der Verwaltungsrat beruft einen oder mehrere Direktoren, die an die Beschlüsse des Verwaltungsrats gebunden sind.

Der Aufsichts- bzw. Verwaltungsrat wird durch die Hauptversammlung gewählt.

7. Europäische wirtschaftliche Interessenvereinigung

Eine **Europäische wirtschaftliche Interessenvereinigung (EWIV)** ist eine Handelsgesellschaft mit Gesellschaftern aus mindestens 2 EU-Mitgliedstaaten (Art. 3, 4 EWIV-VO). Ihr Zweck ist die Förderung der wirtschaftlichen Tätigkeit der Mitglieder.

Rechtsgrundlage sind die **EWIV-Verordnung** und das EWIV-Ausführungsgesetz.

Die EWIV ist keine juristische Person, hat aber die **Rechts- und Parteifähigkeit** (Art. 1 II EWIV-VO).

Die **Gründung** einer EWIV erfordert mindestens 2 Gesellschafter aus verschiedenen EU-Mitgliedstaaten, den Abschluss eines Gesellschaftsvertrags und die Registereintragung (Art. 4-6 EWIV-VO).

Die **Geschäftsführung** erfolgt durch den oder die Geschäftsführer, welche nicht notwendigerweise Gesellschafter sein müssen (Art. 19 EWIV-VO). Die Bestellung erfolgt durch die Gesellschafter. Geschäftsführer sind auch für die **Vertretung** gegenüber Dritten zuständig (Art. 20 EWIV-VO).

Die Gesellschafter haften unbeschränkt als Gesamtschuldner (§ 1 EWIV-AG i.V.m. § 128 HGB).

8. Limited

Die **Limited** (private limited company by shares) ist eine auch in Deutschland anzutreffende Rechtsform des britischen Rechts, welche vor allem vor Einführung der Unternehmergesellschaft (haftungsbeschränkt) als „preiswerte" Alternative zur GmbH gesehen wurde.

Rechtsgrundlage ist der britische **companies act**. Nachdem der EuGH insbesondere mit den Entscheidungen in den Rechtssachen Centros[30], Überseering[31] und Inspire Art[32] im Interesse der Niederlassungsfreiheit entschieden hat, dass das Recht des Gründungsstaates auch bei Sitzverlegung maßgeblich ist, steht einer Limited mit Verwaltungssitz in Deutschland rechtlich nichts entgegen.

Die Ltd. Ist eine **juristische Person** mit einem Mindestkapital von 1 £, bei der den Gläubigern gegenüber nur die Gesellschaft mit dem Gesellschaftsvermögen haftet.

Die **Gründung** der Ltd. erfordert einen schriftlichen Gesellschaftsvertrag und Eintragung im britischen Handelsregister („companies house").

Organe der Ltd. sind:

- der oder die shareholder (Gesellschafter)
- der director (Geschäftsführer)
- der company secretary (optional für formale Aufgaben und behördliche Anfragen).

Die Ltd. muss ein „registered office" in England haben, Jahresabschlüsse („accounts") in englischer Sprache nach britischem Recht und Geschäftsberichte („annual return") dem companies house vorlegen.

---

[30] *EuGH*, Urteil vom 09. März 1999 – C 212/97.
[31] *EuGH*, Urteil vom 05. November 2002 – C 208/00.
[32] *EuGH*, Urteil vom 30. September 2003 – C 167/01.

V.   Verbundene Unternehmen
1.   Grundlagen

Die Leitvorstellung des Gesellschaftsrechts geht von der rechtlich und wirtschaftlich selbständigen Gesellschaft als Unternehmensträger aus. Die gesell-
schaftsrechtliche Realität widerspricht jedoch zumindest im Hinblick auf Großunternehmen dieser Vorstellung. Zahlreiche Unternehmen kooperieren in verschiedenen Formen. Ein erheblicher Teil der Großunternehmen ist in irgendeiner
Form konzernverbunden.

Eine geschlossene Regelung der verbundenen Unternehmen besteht nicht. Die
wesentlichen Regelungen zu den verbundenen Unternehmen sind in den §§ 15
ff., 291 ff. AktG enthalten. Dort wird auch der Begriff des „verbundenen Unternehmens" verwendet, also eines rechtlich selbständigen Unternehmens, das
Mitglied einer Unternehmensverbindung ist.

Ziel der Regelungen ist neben Transparenz vor allem der Schutz abhängiger Unternehmen sowie ihrer Gesellschafter und Gläubiger.

Die gesetzlich geregelten **Arten von verbundenen Unternehmen** werden im §
15 AktG abschließend aufgezählt:[33]

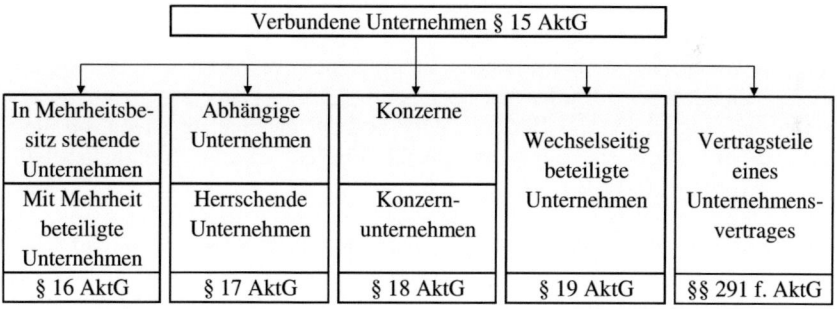

Verbundene Unternehmen § 15 AktG				
In Mehrheitsbesitz stehende Unternehmen	Abhängige Unternehmen	Konzerne	Wechselseitig beteiligte Unternehmen	Vertragsteile eines Unternehmensvertrages
Mit Mehrheit beteiligte Unternehmen	Herrschende Unternehmen	Konzernunternehmen		
§ 16 AktG	§ 17 AktG	§ 18 AktG	§ 19 AktG	§§ 291 f. AktG

---

[33] Abbildung nach: *Klunzinger, Eugen*: Grundzüge des Gesellschaftsrechts, 14. Auflage, München 2006, S. 209.

2. Mehrheitsbeteiligung

Wenn die Mehrheit der Anteile eines rechtlich selbständigen Unternehmens einem anderen Unternehmen gehört oder ihm die Mehrheit der Stimmrechte zusteht, so ist das eine Unternehmen ein in Mehrheitsbesitz stehendes Unternehmen, das andere ein an ihm mit Mehrheit beteiligtes Unternehmen (§ 16 I AktG).

Beispiel:
Die X-AG hält eine Beteiligung in Höhe von 700.000 € an der Y-AG, deren Grundkapital 1.300.000 € beträgt. Die Y-AG ist somit ein im Mehrheitsbesitz der X-AG stehendes Unternehmen.

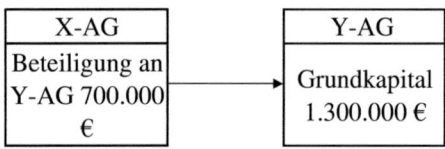

3. Abhängige und herrschende Unternehmen

Abhängige Unternehmen sind rechtlich selbständige Unternehmen, auf die ein anderes Unternehmen (herrschendes Unternehmen) unmittelbar oder mittelbar einen beherrschenden Einfluss ausüben kann (§ 17 I AktG). Dazu reicht es aus, wenn die Möglichkeit der Einflussnahme besteht, unabhängig davon, ob diese genutzt wird oder nicht. Der beherrschende Einfluss wird bei Mehrheitsbeteiligungen vermutet (§ 17 II AktG).

Voraussetzung der Beherrschung ist eine unternehmensinterne, zukunftsbezogene Einflussmöglichkeit auf die Geschäftsführung des beherrschten Unternehmens, die sofort ausübbar ist. Eine Beherrschung kann außer durch Mehrheitsbeteiligung auch durch schuldrechtliche Beziehungen wie z.B. Beherrschungsverträge (§ 291 I AktG) realisiert sein. Rein wirtschaftliche Abhängigkeiten, etwa durch Kredit- oder Lizenzverträge, reichen nicht aus.

4. Konzerne

Konzerne sind Unternehmen, die unter einer einheitlichen Leitung zusammengefasst sind. Dabei sind Unterordnungskonzerne und Gleichordnungskonzerne zu
unterscheiden.

Ein Unterordnungskonzern entsteht, wenn ein herrschendes und ein oder mehrere abhängige Unternehmen unter einheitlicher Leitung zusammengefasst sind (§
18 I S. 1 AktG).

Besteht zwischen zwei Unternehmen ein Beherrschungsvertrag (§ 291 AktG)
oder ist ein Unternehmen in ein anderes eingegliedert (§ 319 AktG), so gelten
sie als unter einheitlicher Leitung zusammengefasst (§ 18 I S. 2 AktG). Bei abhängigen Unternehmen gilt die Vermutung, dass sie mit dem herrschenden Unternehmen einen Konzern bilden (§ 18 I S. 3 AktG).

Beispiel:

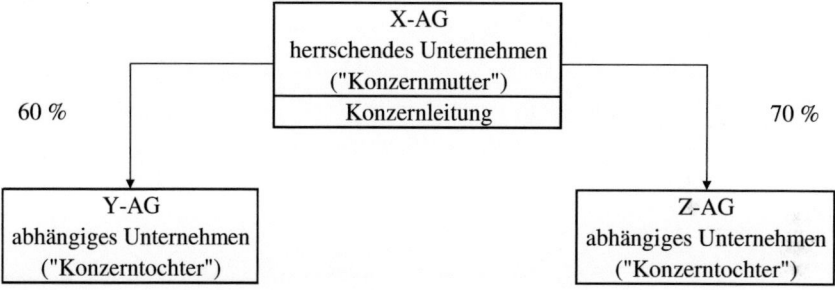

Sind mehrere rechtlich selbständige Unternehmen unter einer einheitlichen Leitung zusammengefasst, ohne dass ein Abhängigkeitsverhältnis besteht, so bilden
sie einen Gleichordnungskonzern, die einzelnen Unternehmen stellen Konzern-
unternehmen dar (§ 18 II AktG).

Beispiel:

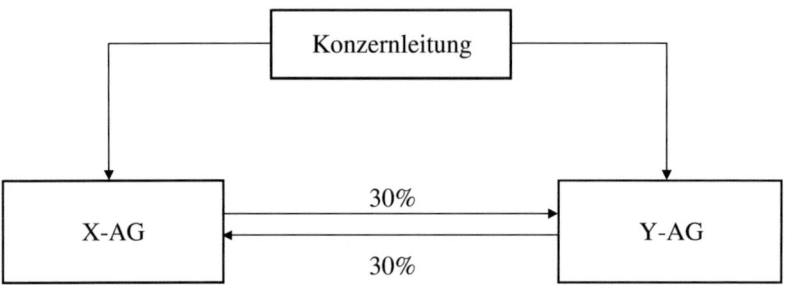

5. Wechselseitig beteiligte Unternehmen

Wechselseitig beteiligte Unternehmen sind Kapitalgesellschaften mit Sitz im Inland, bei denen jeder Gesellschaft mehr als 25% der Anteile der anderen Gesellschaft gehört (§ 19 I AktG).

Beispiel:

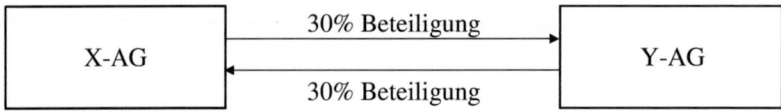

Gehört einem wechselseitig beteiligten Unternehmen eine Mehrheitsbeteiligung oder kann eines auf das andere einen beherrschenden Einfluss ausüben, so ist das eine als herrschendes, das andere als abhängiges Unternehmen anzusehen (§ 19 II AktG).

Beispiel:

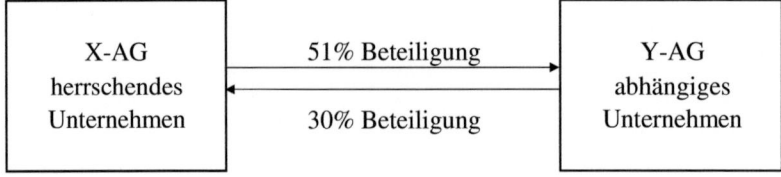

Treffen diese Kriterien auf beide Unternehmen zu, so gelten beide als herrschendes und abhängiges Unternehmen (§ 19 III AktG).

Beispiel:

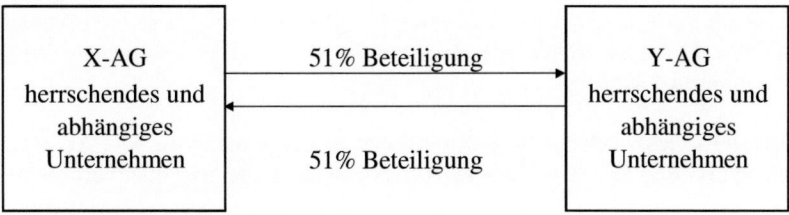

| X-AG
herrschendes und
abhängiges
Unternehmen | 51% Beteiligung

51% Beteiligung | Y-AG
herrschendes und
abhängiges
Unternehmen |

6. Unternehmensverträge

Das Aktiengesetz rechnet Vertragspartner von bestimmten Unternehmensverträgen (§§ 291, 292 AktG) zu den verbundenen Unternehmen.

Folgende Unternehmensverträge kommen in Betracht:

Unternehmensverträge				
Beherrschungs- vertrag	Gewinnab- führungs- vertrag	andere Unternehmensverträge		
		Gewinnge- meinschaft	Teilgewinnab- führungsver- trag	Betriebspacht Betriebsüber- lassung
Leitung wird anderem Unternehmen unterstellt	Gesamtgewinn wird abgeführt	Gewinn wird zusammen- gelegt	Gewinn wird teilweise abgeführt	Betrieb wird verpachtet / überlassen

Das Wesen des **Beherrschungsvertrags** besteht darin, dass eine Gesellschaft die Leitung ihrer Gesellschaft einer anderen Gesellschaft unterstellt. Der Vorstand der abhängigen Gesellschaft wird dann nach § 308 II AktG verpflichtet, die Weisungen der herrschenden Gesellschaft zu befolgen, selbst wenn diese nachteilig sind.

Durch Abschluss eines **Gewinnabführungsvertrags** verpflichtet sich eine Gesellschaft, ihren gesamten Gewinn an eine andere Gesellschaft abzuführen. Gewinnabführungsverträge sind meist mit Beherrschungsverträgen kombiniert. Die Pflicht zur Gewinnabführung wird durch §§ 300, 301 AktG eingeschränkt, wonach insbesondere die zur Auffüllung der gesetzlichen Rücklage erforderlichen Beträge und Verlustvorträge zunächst aus dem Gewinn auszugleichen sind.

Eine **Gewinngemeinschaft** liegt dann vor, wenn von den beteiligten Unternehmen erwirtschaftete Gewinne zusammengelegt und nach bestimmten Schlüsseln unter den beteiligten Unternehmen verteilt werden (Gewinnpoolung).

Ein **Teilgewinnabführungsvertrag** ist dadurch gekennzeichnet, dass sich eine Gesellschaft verpflichtet, einen Teil ihres Gewinns an eine andere Gesellschaft abzuführen. Die Einschränkungen der §§ 300, 301 AktG gelten auch für Teilgewinnabführungsverträge.

Ein **Betriebspacht- oder -überlassungsvertrag** liegt vor, wenn eine AG oder KGaA den Betrieb ihres Unternehmens einem anderen überlässt oder verpachtet.

7.   Eingliederung

Die engste Form der Konzernbildung stellt die in den §§ 319 - 327 AktG geregelte Eingliederung dar, die zur Folge hat, dass die eingegliederte Gesellschaft praktisch zur Betriebsabteilung des herrschenden Unternehmens wird. Sie ist möglich, wenn alle oder mindestens 95% aller Aktien der einzugliedernden AG bereits der anderen AG (Hauptgesellschaft) gehören (§ 320 AktG).

Bei einem entsprechenden Beschluss der Hauptversammlung der einzugliedernden AG sowie Zustimmung der Hauptversammlung der Hauptgesellschaft scheiden die restlichen (außenstehenden) Aktionäre der einzugliedernden AG mit Eintragung der Eingliederung im Handelsregister aus. Ihre Aktien gehen auf die Hauptgesellschaft über (§ 320a AktG). Sie haben Anspruch auf eine angemessene Abfindung, die regelmäßig in Aktien der Hauptgesellschaft zu leisten ist (§ 320b AktG).

Die Hauptgesellschaft haftet den Gläubigern der eingegliederten AG als Gesamtschuldner (§§ 322, 324 AktG).

8. Sicherung der Interessen der Beteiligten

Um die berechtigten Interessen der Beteiligten an verbundenen Unternehmen zu schützen, sieht das Aktiengesetz eine Reihe von Schutzvorschriften vor. Diese dienen dem Schutz der Aktionäre, der Gläubiger und der Transparenz.

Der Sicherung der Aktionäre dienen vor allem folgende Regelungen:

* Unternehmensverträge bedürfen einer ¾-Mehrheit der Hauptversammlung (§ 293 I AktG)
* Vorstände haben einen Bericht über Unternehmensverträge zu erstellen (§ 293a AktG)
* außenstehende Aktionäre haben bei Verträgen nach § 291 einen Anspruch auf angemessenen Ausgleich bzw. angemessene Abfindung (§§ 304 ff. AktG).

Zur Sicherung der Gläubiger gelten folgende Regelungen:

* in die gesetzliche Rücklage sind die im § 300 AktG genannten Beträge einzu-stellen
* bei Verträgen nach § 291 AktG besteht Verlustübernahmepflicht (§ 302 AktG)
* bei Beendigung von Verträgen nach § 291 AktG muss den Gläubigern Sicher-heit geleistet werden (§ 303 AktG).

Um die Transparenz zu sichern wird u.a. festgelegt:

* die Beteiligung von mehr als 25% begründet Mitteilungspflichten gegenüber beiden Gesellschaften (§§ 20, 21 AktG)
* es gelten besondere Rechnungslegungsvorschriften (§§ 290 ff. HGB)
* wechselseitig beteiligte Unternehmen haben einander die Höhe ihrer Beteili-gungen und jede Änderung schriftlich mitzuteilen (§ 328 IV AktG).

C. Gewerberecht
I. Grundlagen

Das Gewerberecht ist ein **Teilgebiet des Verwaltungsrechts**, welches der Gefahrenabwehr dient. Rechtsgrundlagen sind neben der Gewerbeordnung (GewO) eine Reihe von Spezialgesetzen, insbesondere das Gaststättengesetz (GastG)[34] und die Handwerksordnung (HwO).

Voraussetzung für die Anwendung des Gewerberechts ist das Vorliegen eines Gewerbes. Der Begriff ist gesetzlich nicht definiert. Der **Gewerbebegriff** im Sinne des Gewerberechts ist durch folgende Merkmale gekennzeichnet:[35]

- eine nach außen erkennbare, erlaubte und selbständige Tätigkeit
- die auf planmäßige Wiederholung angelegt ist und
- mit Gewinnerzielungsabsicht betrieben wird.

Kein Gewerbe in diesem Sinne stellen die wissenschaftliche und künstlerische sowie die freiberufliche Tätigkeit, z.B. der Ärzte, Rechtsanwälte und Steuerberater, die Urproduktion und die Verwaltung eigenen Vermögens dar. Durch § 6 I GewO sind einige dieser Tätigkeiten ausdrücklich vom Anwendungsbereich ausgenommen.

Beispiel:
Ein Landwirt, dessen Betrieb eher schlecht läuft, richtet auf einem seiner Grundstücke einen Campingplatz ein, auf dem er ausschließlich im Sommer ca. 1.000 Stellplätze anbietet.

Das Betreiben des Campingplatzes stellt ein Gewerbe dar. Es handelt sich um eine zeit- und weisungsunabhängige Tätigkeit auf eigenes Risiko, damit liegt Selbständigkeit vor. Die Tätigkeit ist erlaubt und offen nach außen erkennbar. Obwohl es sich um eine saisonale Tätigkeit handelt, ist diese dauerhaft, da sie regelmäßig in den Folgejahren wiederholt wird. Von der Gewinnabzielungsabsicht ist auszugehen. Eine reine Verwaltung eigenen Vermögens liegt ebenfalls nicht vor, da die Tätigkeit aufgrund ihres Umfangs ihre Wirkung weitgehend nach außen entfaltet. Damit geht sie über die reine Eigentumsnutzung im Sinne einer Verwaltung eigenen Vermögens hinaus.

---

[34] Mit Inkrafttreten der Föderalismusreform 2006 (Gesetz zu Änderung des Grundgesetzes vom 28.08.2006, BGBl. I, S. 2034) ist die Gesetzgebungskompetenz im Gaststättenrecht sowie für Messen, Ausstellungen und Märkte den Ländern übertragen worden. Das GastG und die betreffenden Regelungen der GewO behalten nach Art. 125a I GG Geltung, soweit die Länder noch keinen Gebrauch von ihrer Gesetzgebungskompetenz gemacht haben. Bisher haben Baden-Württemberg, Brandenburg, Bremen, Hessen, Niedersachsen, das Saarland, Sachsen, Sachsen-Anhalt und Thüringen von ihrer Gesetzgebungskompetenz zum Erlass von gaststättenrechtlichen Regelungen Gebrauch gemacht.

[35] *BVerwG*, Urteil vom 24. Juni 1976 – 1 C 56/74.

Im Gewerberecht werden drei Gewerbearten unterschieden:

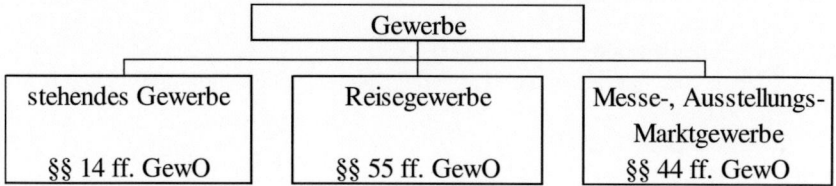

II. Gewerbeordnung

Im Gewerberecht gilt der **Grundsatz der Gewerbefreiheit** (§ 1 I GewO), d.h.
ein Gewerbe kann i.d.R. ausgeübt werden, ohne dass eine besondere Genehmigung erforderlich ist. Die GewO oder besondere Gesetze können jedoch Ausnahmen und Beschränkungen vorsehen.

Der Beginn, die Veränderung und die Beendigung eines stehenden Gewerbes ist
jedoch nach § 14 I GewO **anzeigepflichtig**. Die Gewerbeämter bescheinigen
gemäß § 15 I GewO binnen drei Tagen die Anmeldung („Gewerbeschein").

Nach § 35 I GewO ist bei einem erlaubnisfreien Gewerbe die Gewerbeausübung
zum Schutz der Allgemeinheit oder der Beschäftigten zu untersagen, wenn Tatsachen vorliegen, die auf Unzuverlässigkeit des Gewerbetreibenden schließen
lassen.

Beispiele zur Unzuverlässigkeit:
• Begehung einschlägiger Straftaten oder Ordnungswidrigkeiten
• Nichterfüllung steuerrechtlicher oder sozialrechtlicher Verpflichtungen

Für besonders überwachungsbedürftige Gewerbe hat die zuständige Behörde
unverzüglich nach Gewerbeanzeige die Zuverlässigkeit des Gewerbetreibenden
zu überprüfen. Als überwachungsbedürftig gelten:

• An- und Verkauf von hochwertigen Konsumgütern, Fahrzeugen, Edel- und
  Altmetallen sowie Schmuck
• Auskunfteien und Detekteien
• Partnerschaftsvermittlungen
• Reisebüros
• der Vertrieb und Einbau von Gebäudesicherungseinrichtungen sowie Schlüsseldienste.

Eine Reihe von gewerblichen Tätigkeiten ist **erlaubnispflichtig** (§§ 30 - 34e GewO). Dazu zählen u.a.:

- Privatkrankenanstalten (§ 30 GewO)
- Betreiben von Spielgeräten und anderen Spielen mit Gewinnmöglichkeit (§§ 33c, 33d GewO)
- Pfandleiher (§ 34 GewO)
- Bewachungsgewerbe (§ 34a GewO)
- Versteigerergewerbe (§ 34b GewO)
- Makler, Anlagenberater, Bauträger und Baubetreuer (§ 34 c GewO)
- Versicherungsvermittler (§ 34d GewO)
- Versicherungsberater (§ 34e GewO).

Die Erlaubnis ist zu erteilen, wenn kein Versagungsgrund vorliegt. Als Versagungsgründe kommen u.a. persönliche Unzuverlässigkeit (z.B. §§ 30 I Nr. 1, 34 I Nr. 1, 34a I Nr. 1 GewO), mangelnde wirtschaftliche Verhältnisse (z.B. §§ 34a I Nr. 2, 34b IV Nr. 2 GewO) oder Sachkundenachweise (§ 34a I GewO) in Betracht. Bei fehlender Erlaubnis kann die Fortsetzung des Betriebes durch Untersagungsverfügung verhindert werden.

Ein **Reisegewerbe** liegt vor, wenn jemand gewerbsmäßig außerhalb gewerblicher Niederlassungen (§ 4 III GewO) Waren oder Leistungen anbietet oder Bestellungen annimmt bzw. unterhaltende Tätigkeiten nach Schaustellerart ausübt (§ 55 I GewO). Das Ausüben des Reisegewerbes ist grundsätzlich erlaubnispflichtig (§ 55 II GewO, „Reisegewerbekarte"). Einige Ausnahmen regelt § 55a GewO, z.B. das Vertreiben selbstgewonnener Erzeugnisse der Land- und Forstwirtschaft oder die Vermittlung von Versicherungsverträgen.

Bestimmte Tätigkeiten sind als Reisegewerbe generell verboten (§ 56 GewO). Dazu zählen u.a. der Vertrieb von elektromedizinischen Geräten oder von Wertpapieren, der Ankauf von Edelmetallen und das Anbieten von alkoholischen Getränken mit Ausnahme von Bier und Wein in fest verschlossenen Behältnissen.

III.   Gaststättenrecht

Das Betreiben eines Gaststättengewerbes unterliegt besonderen Regelungen. Diese sind im GastG bzw. – soweit bereits erlassen – in den gaststättenrechtlichen Regelungen der Bundesländer enthalten.[36] Nachfolgend wird nur auf die Regelungen des GastG eingegangen.

---

[36] Vgl. Fn. 34.

Ein **Gaststättengewerbe** liegt vor, wenn Getränke (Schankwirtschaft, § 1 I Nr. 1 GastG) oder Speisen (Speisewirtschaft, § 1 I Nr. 2 GastG) zum Verzehr an Ort und Stelle verabreicht werden und der Betrieb für jedermann oder bestimmte Personenkreise zugänglich ist. Ausgenommen sind Kantinen für Betriebsangehörige (§ 25 I GastG).

Beispiel:
Metzgermeister Hans Wurst betreibt neben seiner Metzgerei einen Partyservice. Er liefert dazu zubereitete Speisen und alkoholische sowie alkoholfreie Getränke.
Es liegt kein Gaststättengewerbe nach § 1 I GastG vor, da kein Verzehr an Ort und Stelle erfolgt.

Das Betreiben eines Gaststättengewerbes ist erlaubnispflichtig (§ 2 I GastG), es sei denn, es werden:

- alkoholfreie Getränke
- unentgeltliche Kostproben
- zubereitete Speisen oder
- in Verbindung mit einem Beherbergungsbetrieb Getränke und zubereitete Speisen an Hausgäste verabreicht (§ 2 II GastG).

Die **Gaststättenerlaubnis** („Konzession") ist personen-, raum- und betriebsartbezogen (§§ 2 I, 3 I GastG). Die Erteilung der Erlaubnis ist nach § 4 I GastG zu versagen wenn:

- der Antragsteller nicht die erforderliche Zuverlässigkeit besitzt
- die Räumlichkeiten nicht geeignet sind
- vom Betrieb schädliche Umwelteinwirkungen bzw. erhebliche Nachteile, Gefahren oder Belästigungen für die Allgemeinheit ausgehen
- der Nachweis der Teilnahme an der Gaststättenunterrichtung bei einer IHK nicht vorliegt.

Die Erlaubnis kann befristet erteilt werden (§ 3 II GastG) und mit Auflagen (§ 5 I GastG) verbunden werden.

Die Erlaubnis ist zurückzunehmen (§ 15 I GastG) bzw. zu widerrufen (§ 15 II GastG), wenn ein Versagungsgrund i.S.d. § 4 I GastG von Anfang an vorlag bzw. nachträglich eintritt. Die Erlaubnis kann ferner widerrufen werden, wenn ein Ermessensgrund nach § 15 III GastG vorliegt, z.B. die Betriebsart unbefugt geändert wird oder gegen Auflagen nach § 5 GastG verstoßen wird.

IV. Handwerksordnung

Wird ein Handwerk als stehendes Gewerbe betrieben, sind die Regelungen der Handwerksordnung zu beachten. Die Handwerksordnung unterscheidet zwischen **zulassungspflichtigen Handwerken** (41 Handwerke nach Anlage A), **zulassungsfreien Handwerken** (53 Handwerke nach Anlage B Abschnitt 1) und **handwerksähnlichen Gewerben** (57 Gewerbe nach Anlage B Abschnitt 2).

Damit ein zulassungspflichtiges Handwerk i.S.d. HwO vorliegt, muss das Gewerbe nach § 1 II HwO

- handwerksfähig sein, d.h. in Anlage A zur HwO aufgeführt sein und
- handwerksmäßig und nicht industriemäßig betrieben werden.

Ein zulassungspflichtiges Handwerk darf nur mit **Eintragung in die Handwerksrolle** betrieben werden (§ 1 I HwO). Die Handwerksrolle ist ein von den Handwerkskammern zu führendes öffentliches Verzeichnis der Betriebe, die ein zulassungspflichtiges Handwerk ausüben (§ 6 HwO).

Die Eintragung in die Handwerksrolle setzt den Meistertitel (§ 7 Ia HwO), eine gleichwertige Qualifikation (z.b. Ingenieure u.ä., § 7 II HwO) oder eine Ausnahmebewilligung (§§ 8, 9 HwO) voraus. Weiterhin können Gesellen mit sechsjähriger Berufstätigkeit, davon vier Jahre in leitender Tätigkeit eine Ausübungsberechtigung erhalten (§ 7b HwO). Ausgenommen sind Schornsteinfeger, Augenoptiker, Hörgeräteakustiker, Orthopädietechniker, Orthopädieschuhmacher und Zahntechniker.

Eintragungsfähig sind natürliche und juristische Personen sowie Personengesellschaften, wenn der Betriebsleiter die Eintragungsvoraussetzungen erfüllt (§ 7 I HwO). Die Eintragung ist zu bescheinigen („Handwerkskarte", § 10 II HwO). Diese ist bei der Gewerbeanmeldung nach § 14 GewO vorzulegen (§ 16 I HwO).

Fehlen die Voraussetzungen für die Eintragung oder fallen diese später weg, so ist die Eintragung zu löschen (§ 13 I HwO).

Der Betrieb eines zulassungsfreien Handwerks oder eines handwerksähnlichen Gewerbes ist der Handwerkskammer anzuzeigen (§ 18 I HwO).

D.   Gewerblicher Rechtsschutz, Urheberrecht und Wettbewerbsrecht

I.   Einführung

Urheberrecht, gewerbliche Schutzrechte und das Wettbewerbsrecht haben eines gemeinsam: es geht um den **Schutz von geistigen Leistungen** (Immaterialgütern) im weiteren Sinne.

Welche rechtlichen Regelungen dabei insbesondere von Bedeutung sein können, zeigt nachfolgende Übersicht:

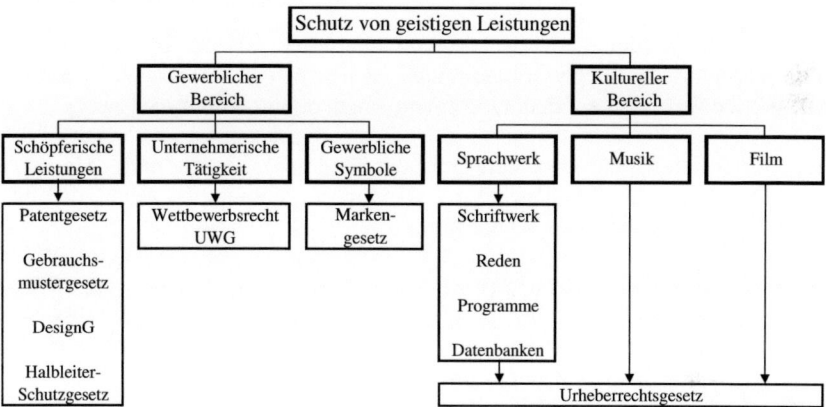

Sofern eine gewerbliche Verwendung von Immaterialgütern im Mittelpunkt steht, spricht man vom **gewerblichen Rechtsschutz** als Oberbegriff. Zum gewerblichen Rechtsschutz gehören vor allem Patent und Gebrauchsmuster als Schutzrechte für technische Erfindungen, das eingetragene Design, welches Designschutz gewährt, die Marke zum Schutz von Unternehmenskennzeichen sowie das UWG, welches vor unlauteren geschäftlichen Handlungen schützen soll. Daneben gehören auch weniger bekannte Schutzrechte, wie das Sortenschutzrecht für neue Pflanzensorten und das Topographieschutzrecht für dreidimensionale Strukturen von Halbleitern zum gewerblichen Rechtsschutz.

Durch gewerbliche Schutzrechte soll dem schöpferisch Tätigen im gewerblichen Bereich für eine gewisse Zeit ein Monopol an seiner Innovation eingeräumt werden. Damit wird erreicht, dass sich der mit der Entwicklung verbundene Aufwand amortisiert. Andererseits wird eine frühzeitige Preisgabe an die Öffentlichkeit gefördert, ohne Nachahmung während der Dauer des Schutzrechts befürchten zu müssen.

Demgegenüber gehört das **Urheberrecht**, obwohl es ebenfalls dem Immaterialgüterschutz dient, nicht zum gewerblichen Rechtsschutz. Begründet wird diese Trennung damit, dass durch das Urheberrecht Werke der Literatur, Wissenschaft und Kunst geschützt werden (§ 2 I UrhG), wobei der Persönlichkeitsschutz und nicht der gewerbliche Charakter im Mittelpunkt steht. Dass diese Ansicht noch zeitgemäß ist, kann jedoch bezweifelt werden, wenn man bedenkt, dass z.B. Computerprogramme als solche oder Datenbanken dem Schutz durch das Urheberrecht unterstellt sind.

Die gewerblichen Schutzrechte und das Urheberrecht gehören **materiellrechtlich** in den Bereich des Privatrechts. Dabei handelt es sich im Verhältnis zum BGB als allgemeines Recht um **Sonderprivatrecht**.

Die Wirtschaftsordnung der Bundesrepublik basiert auf der Marktwirtschaft. Eine marktwirtschaftliche Grundordnung ist dadurch gekennzeichnet, dass sie auf Wettbewerb, also auf dem Gesetz von Angebot und Nachfrage basiert.

Bei einer **freien Marktwirtschaft** greift der Staat generell nicht in das Marktgeschehen ein. Das führt tendenziell u.a. zu Monopolisierung und damit zur weitgehenden Ausschaltung des Wettbewerbs.

In der **sozialen Marktwirtschaft** greift der Staat u.a. regulierend in das Wettbewerbsgeschehen ein, um den Wettbewerb als Grundlage der Marktwirtschaft zu gewährleisten und um einen fairen Wettbewerb zu gewährleisten. Diese Eingriffe erfolgen durch das **Kartell- und Wettbewerbsrecht**.

Das Kartell- und Wettbewerbsrecht hat insbesondere folgende Aufgaben:

• Vermeidung von Wettbewerbsbeschränkungen durch Kartelle, Monopole und Marktbeherrschung
• Missbrauchskontrolle bei Unternehmen, die eine marktbeherrschende Stellung haben
• Schutz der Mitbewerber vor unlauteren Methoden der Konkurrenten
• Schutz der Verbraucher.

Die Vermeidung von Wettbewerbsbeschränkungen und die Missbrauchskontrolle wird durch das Gesetz gegen Wettbewerbsbeschränkungen (GWB, „Kartellgesetz") bezweckt, welches allerdings im Gegensatz zum gewerblichen Rechtsschutz ins öffentliche Recht gehört, aber aufgrund des engen Zusammenhangs hier mit dargestellt wird.

Der Schutz vor unlauteren Wettbewerbshandlungen wird durch das Gesetz gegen den unlauteren Wettbewerb (UWG) gewährleistet.

II.   Gewerbliche Schutzrechte
1.   Patent
a)   Schutzrechtsgegenstand und Schutzvoraussetzungen

Patente werden gemäß § 1 I PatG für **Erfindungen** auf allen Gebieten der Technik erteilt, die **neu** sind, auf einer **erfinderischen Tätigkeit** beruhen und **gewerblich anwendbar** sind. Patentfähig sind sowohl Erzeugnisse (§ 9 Nr. 1 PatG) als auch Verfahren (§ 9 Nr. 2 PatG).

Zentraler Ausgangspunkt ist damit der Begriff der Erfindung. Dieser Begriff wird im PatG nicht legaldefiniert. Damit soll die Möglichkeit bestehen bleiben, zukünftigen technischen Entwicklungen Rechnung zu tragen. Es bleibt somit der Rechtslehre und Rechtsprechung vorbehalten, den Begriff der Erfindung zu definieren.

Nach der Rechtsprechung des BGH[37] ist eine Erfindung eine Lehre zum planmäßigen Handeln unter Einsatz beherrschbarer Naturkräfte zur Erreichung eines kausal übersehbaren Erfolgs. Patentierbarkeit von Erfindungen setzt voraus, dass diese auf dem Gebiet der Technik angesiedelt ist. Demnach ist eine Erfindung i.S.d. PatG in Kurzfassung eine **Lehre zum technischen Handeln, mit der ein technisches Problem gelöst wird**.

Beispiel:
Technisches Problem: Man will Brot knusprig braun rösten, ohne dabei die ganze Zeit neben einem Gerät zu stehen und den Bräunungsvorgang zu beobachten.

Die Lösung (Toaster) stellt ein technisches Gerät dar, welches den Bräunungsgrad des Brotes misst, um dann davon abhängig den Toastvorgang abzubrechen.

Dem Patentrecht zugänglich sind **zwei Arten** von technischen Erfindungen, zwischen denen § 9 PatG unterscheidet. Das Erzeugnispatent umfasst ein z.B. Gerät, eine Maschine, ein Produkt oder einen Stoff (z.B. Arzneimittel). Im o.g. **Beispiel** wäre der Toaster Gegenstand des Patents.

Ein Verfahrenspatent erfasst Herstellungs- oder Arbeitsverfahren. Im **Beispiel** wäre das Verfahren zur Herstellung des Toasters (Herstellungsverfahren) bzw. das Verfahren zum Betrieb des Toasters (Arbeitsverfahren) Gegenstand des Patents.

Die Unterscheidung ist von großer praktischer Bedeutung, da sie den Umfang des Patentschutzes betrifft.

---

[37] *BGH*, Beschluss vom 27. März 1969 – X ZB 15/67.

Beispiel:
Anton erfindet ein Verfahren zur Herstellung einer Kunstfaser und erhält hierfür ein Patent.

Sein Wettbewerber Bertram kann ungeachtet dessen dieselbe Kunstfaser mit einem anderen Verfahren herstellen.

Die Voraussetzung der Technizität ein z.t. schwer abzugrenzendes Problem. Nach der Rechtsprechung des BGH[38] ist Technizität zu bejahen, wenn die Lösung des Problems **auf dem Einsatz von Naturkräften, nicht von menschlicher Verstandestätigkeit** beruht.

Zur Abgrenzung nimmt § 1 III PatG einige Gegenstände **als solche** (§ 1 IV PatG) ausdrücklich von der Patentierbarkeit aus:

1. **Entdeckungen, wissenschaftliche Theorien und mathematische Methoden**
   Bei einer Entdeckung wird etwas bereits Vorhandenes, bisher aber Unbekanntes, aufgefunden. Im Mittelpunkt steht die Erkenntnis, nicht die Handlungsanweisung. Gleiches gilt für wissenschaftliche Theorien, bei denen es um Vorstellung über Zusammenhänge geht. Mathematische Methoden sind Regeln, durch deren schematische Befolgung gleich gelagerte Aufgaben gelöst werden können. Technische Lösungen z.B. auf Basis von Entdeckungen oder mathematischen Methoden können aber durchaus patentierbar sein.

2. **Ästhetische Formschöpfungen**
   Der Schutz von Design unterliegt mangels Lösung eines technischen Problems nicht dem Patentschutz. Allerdings kommt der Schutz durch ein eingetragenes Design in Betracht.

3. **Pläne, Regeln und Verfahren für gedankliche Tätigkeiten, Spiele oder geschäftliche Tätigkeiten sowie Computerprogramme**
   Hierbei handelt es sich um Anweisungen für die menschliche Geistestätigkeit. Der Benutzer muss den Erfolg durch sein Denken, nicht durch den Einsatz von Naturkräften herbeiführen. Insbesondere bei Computerprogrammen ist zu beachten, dass nur das Programm als solches ausgenommen wird. Hier kommt der Schutz durch das Urheberrecht in Betracht (§§ 69a ff. UrhG).

---

[38] *BGH*, Beschluss vom 22. Juli 1976 – X ZB 23/74.

Dies schließt nicht aus, dass Software die technische Arbeitsweise einer Einrichtung unmittelbar kausal beeinflusst und damit patentierbar ist.[39] Patentierbarkeit von Software ist damit gegeben, wenn die prägenden Anweisungen der beanspruchten Lehre der Lösung eines konkreten technischen Problems dienen.[40] Eine Entscheidung des BGH[41] aus dem Jahr 1991 hat diese Grundsätze erweitert. Danach ist eine programmbezogene Lehre **technisch**, wenn sie die **Funktionsfähigkeit einer Datenverarbeitungsanlage als solche** betrifft und damit das unmittelbare Zusammenwirken ihrer Elemente ermöglicht. Damit wird die Voraussetzung des Einwirkens auf Komponenten außerhalb des Rechners aufgegeben. Noch weiter reicht geht ein Beschluss des BGH[42] aus 2010. Demnach reicht es zur Patentierbarkeit eines Verfahrens aus, wenn die **Lösung gerade darin** besteht, ein Datenverarbeitungsprogramm so auszugestalten, dass es **auf die technischen Gegebenheiten der Datenverarbeitungsanlage** Rücksicht nimmt. Damit ist die Tür zum Softwarepatent weit aufgestoßen.

4. Die Wiedergabe von Informationen

Informationswiedergabe dient der Vermittlung von Wissen und Kenntnissen. Hier kommt der Schutz durch das Urheberrecht in Betracht.

Neben diesen ausdrücklich normierten Ausnahmen gibt es noch weitere, **ungeschriebene Voraussetzungen** der Patentierbarkeit:

- technische Brauchbarkeit, d.h. die Erfindung darf nicht im Widerspruch zu anerkannten naturwissenschaftlichen Gesetzen stehen, wie z.B. ein perpetuum mobile[43]
- Ausführbarkeit, d.h. die praktische Anwendung durch den Durchschnittsfachmann muss möglich sein
- Wiederholbarkeit, d.h. der Erfolg muss kausal übersehbar und unabhängig vom Zufall sein[44]

Bestimmte Erfindungen sind aus ethisch-moralischen und sozialen oder auch sachlichen Gründen von der Patentierbarkeit ausgeschlossen. Dies betrifft insbesondere:

---

[39] *BGH*, Beschluss vom 13. Mai 1980 – X ZB 19/78.
[40] *BGH*, Beschluss vom 17. Oktober 2001 – X ZB 16/00.
[41] *BGH*, Beschluss vom 11. Juni 1991 – X ZB 13/88.
[42] *BGH*, Beschluss vom 22. April 2010 – Xa ZB 20/08.
[43] *BPatG*, Beschluss vom 17. August 2005 – 20 W (pat) 307/05: „Eine Vorrichtung, die ohne Energiezufuhr Arbeit leisten soll, stellt ein perpetuum mobile dar, das grundsätzlich und ohne Ausnahme im Widerspruch zu dem Satz von der Erhaltung der Energie steht und technisch nicht brauchbar ist."
[44] *BGH*, Beschluss vom 27. März 1969 – X ZB 15/67.

- den menschlichen Körper § 1a I PatG
- Erfindungen, die gegen die öffentliche Ordnung oder die guten Sitten verstoßen § 2 I PatG[45]
- Verfahren zum Klonen von Menschen, der Veränderung der genetischen Identität oder die Verwendung menschlicher Embryonen § 2 II Nr. 1-3 PatG
- Einschränkung der Patentierbarkeit von Verfahren zur genetischen Modifikation von Tieren § 2 II Nr. 4 PatG
- Pflanzensorten und Tierrassen sowie deren Züchtungsverfahren § 2a I Nr. 1 PatG; für Pflanzensorten kommt jedoch der Sortenschutz in Betracht
- medizinische Behandlungsmethoden an Mensch und Tier § 2a I Nr. 2 PatG

Biotechnologiepatente werden aber durch § 1 II PatG[46] ermöglicht. Während sich die Biologie auf nichtpatentfähige Entdeckungen bezieht, betrifft Biotechnologie die Isolierung, Herstellung und technische Nutzung biologischen Materials. Biotechnologische Erfindungen liegen vor, wenn ein Erzeugnis aus biologischen Material (§ 2a III Nr. 1 PatG) besteht, solches enthält oder ein Verfahren biologisches Material herstellt, bearbeitet bzw. verwendet.

Biotechnologiepatente in **Bezug auf den Menschen** sind, abgesehen von den Ausschlüssen der §§ 1a I, 2 II Nr. 1-3 PatG, nach § 1a II, III PatG möglich. Danach sind isolierte Teile des menschlichen Körpers sowie Sequenzen oder Teilsequenzen von Genen patentfähig, letztere nur bei gewerblicher Anwendbarkeit konkret nachgewiesener Funktionen des Gens.

Durch § 2a PatG wird die Patentierbarkeit in Bezug auf Pflanzen und Tieren geregelt. Danach sind Patente möglich, die sich auf Pflanzen und Tiere beziehen, welche z.b. auf gentechnische Modifikationen, nicht aber auf Züchtung beruhen, § 2a II Nr. 1 PatG.

Beispiel: die so genannte Harvard-Krebsmaus (EP 0169672)

Relativ unproblematisch unterliegen mikrobiologische Verfahren, bei denen z.B. Bakterien oder Viren eingesetzt werden, der Patentierbarkeit, § 2a II Nr. 2 PatG.

Liegt eine technische Erfindung vor, müssen nach § 1 I PatG **drei weitere Voraussetzungen** erfüllt sein, damit eine Patenterteilung möglich ist:

- Neuheit
- Erfinderische Tätigkeit
- Gewerbliche Anwendbarkeit

---

[45]   Als sittenwidrig abgelehnt wurde beispielsweise die Patentierung eines „Scheintoten-Entlarvungssystem", *BpatG*, BPatGE 29, 39.
[46]   Die Vorschrift dient der Umsetzung der Bio-Patent-Richtlinie, RL 98/44/EG.

Die Erfindung ist gemäß § 3 I PatG **neu**, wenn sie **nicht zum Stand der Technik** gehört. Maßgeblich ist dabei der Stand der Technik **zum Zeitpunkt der Anmeldung** (Zeitrang). Als Anmeldetag gilt nach § 34 II PatG der Tag, an dem die für die Anmeldung erforderlichen Unterlagen beim DPMA oder einem zugelassenen PIZ eingegangen sind. Dieser Grundsatz wird bei Erfindungen, die zuerst im Ausland angemeldet wurden, durchbrochen. Nach §§ 40, 41 PatG ist eine Anmeldung unter Wahrung des Zeitrangs der Erstanmeldung möglich, wenn die Anmeldung im Inland binnen 12 Monaten nachgeholt wird (Priorität).

Der Stand der Technik wird in zwei Stufen bestimmt:

- Als Stand der Technik gilt nach § 3 I PatG alles, was vor dem Zeitrang weltweit durch schriftliche oder mündliche Beschreibung, durch Benutzung oder in sonstiger Weise öffentlich zugänglich gemacht wurde.
- Zum Stand der Technik gehören nach § 3 II PatG auch noch nicht veröffentlichte Patentanmeldungen älteren Zeitrangs, sofern diese später veröffentlicht werden.

Es wird insofern auf den **absoluten Neuheitsbegriff** abgestellt, eine Vorveröffentlichung ist neuheitsschädlich.

Beispiel:
Das der Firma Daimler erteilte Patent für das Abgasbehandlungskonzept Blue-Tec, bei dem die Schadstoffemission durch Einspritzen von Harnstoff gemindert wird, wurde widerrufen, nachdem ein zuvor wenig beachteter Zeitschriftenartikel bekannt wurde. Dieser beschrieb wesentliche Teile der benutzten Technologie und wurde vor der Patentanmeldung veröffentlicht.

Keine Veröffentlichung liegt vor, wenn die Erfindung einem begrenzten Personenkreis zugänglich gemacht wird und z.B. über eine Geheimhaltungsvereinbarung auf diesen Kreis beschränkt bleibt.

Beispiel:
Ein Erfinder unterrichtet interessierte Investoren über seine Erfindung, nachdem sie eine Verschwiegenheitsvereinbarung unterschrieben haben.

Eine Ausnahme von der generellen Neuheitsschädlichkeit sieht § 3 V PatG vor: eine Schonfrist von 6 Monaten gilt bei offensichtlich missbräuchlicher Offenbarung zum Schaden des Anmelders oder bei bestimmten amtlich anerkannten Ausstellungen (Ausstellungspriorität).

Bei der Neuheitsprüfung erfolgt ein **Einzelvergleich** der geltend gemachten Patentansprüche mit den Merkmalen jeder bekannten Vorveröffentlichung (sog. Entgegenhaltung). Nur wenn der Gegenstand eines Anspruchs mit allen seinen Merkmalen aus einer Vorveröffentlichung bekannt ist, ist der Gegenstand neuheitsschädlich vorweggenommen. Beschreibt eine Vorveröffentlichung mindestens ein Merkmal eines Anspruchs nicht, so ist der Anspruch neu gegenüber dieser Entgegenhaltung.

Die **erfinderische Tätigkeit**, auch als Erfindungshöhe bezeichnet, setzt nach § 4 PatG einen hinreichenden Abstand zum Stand der Technik voraus. Die Erfindung darf sich demnach für einen Fachmann nicht in naheliegender Weise aus dem Stand der Technik ergeben.

Bei der Prüfung, ob eine erfinderische Tätigkeit vorliegt, wird im Gegensatz zur Neuheitsprüfung auch mit berücksichtigt, ob die Merkmale eines Anspruchs sich in verschiedenen Vorveröffentlichungen finden und eine Kombination für den Durchschnittsfachmann nahe liegt.

Gewerbliche Anwendbarkeit ist gemäß § 5 PatG gegeben, wenn die Erfindung in irgendeinem gewerblichen Gebiet einschließlich der Landwirtschaft eingesetzt werden kann.

b)   Verfahren

Nach § 6 S. 1 PatG hat der **Erfinder** oder dessen Rechtsnachfolger das **Recht auf das Patent**. Demnach kann nur eine natürliche Person Erfinder sein, aber keine juristische Person. Das Erfinderrecht beinhaltet eine **vermögensrechtliche** und eine **persönlichkeitsrechtliche** Komponente. Die vermögensrechtliche Komponente schützt den Erfinder gegen widerrechtliche Entnahme und Anmeldung durch Dritte (§ 8 PatG), die persönlichkeitsrechtliche Komponente manifestiert sich insbesondere im Recht auf Nennung im Patent (§ 37 PatG).

Bei **gemeinschaftlichen Erfindungen** steht das Recht auf das Patent den Beteiligten gemeinschaftlich zu (§ 6 S. 2 PatG). Wenn mehrere Personen unabhängig voneinander eine Erfindung gemacht haben, steht das Recht auf das Patent dem zu, der die Erfindung zuerst beim Patentamt angemeldet hat (§ 6 S. 3 PatG).

Inhaber des Patents, der das Ausschließlichkeitsrecht (§ 9 PatG) zur Nutzung des Patents hat, ist der **Anmelder**, dem es erteilt wird. Der Anmelder muss nicht zwingend eine natürliche Person bzw. der Erfinder sein. Vielmehr bleibt es dem Erfinder unbenommen, die Anmeldung einem anderen zu überlassen. Bei der Anmeldung gilt die **gesetzliche Vermutung**, dass der Anmelder berechtigt ist, die Patenterteilung zu verlangen (§ 7 I PatG).

Folgerichtigerweise kommen auch Patentanmeldungen durch Nichtberechtigte in Betracht. Daher sieht § 8 PatG die sog. **Patentvindikation** vor: Der Berechtigte kann vom unberechtigten Anmelder Abtretung des Anspruchs auf Patenterteilung bzw. bei bereits erteiltem Patent die Übertragung des Patents verlangen.

Die Patenterlangung setzt zunächst eine **Anmeldung** voraus. In Betracht kommen drei Wege: das nationale Patent nach dem PatG, das Europäische Patent nach dem Europäischen Patentübereinkommen (EPÜ) oder das internationale Patent nach dem Vertrag über die internationale Zusammenarbeit auf dem Gebiet des Patentwesens (PCT). Nachfolgend wird zunächst nur auf das Verfahren nach dem PatG eingegangen, zur europäischen und internationalen Variante sei auf Kapitel D.II.7. verwiesen.

Voraussetzung für die Erteilung eines Patents ist gemäß § 34 PatG die **Patentanmeldung**. Das kann beim DPMA oder einem autorisierten PIZ erfolgen. Die Einzelheiten regeln die §§ 34 ff. PatG und die PatV. Es ist das vom DPMA herausgegebene Antragsformblatt zu verwenden. Die Anmeldegebühr beträgt 60 € (bei elektronischer Beantragung 40 €). Die Patentanmeldung muss enthalten:

• den Namen des Anmelders
• Antrag auf Erteilung des Patents, in dem die Erfindung kurz aber genau bezeichnet ist
• einen oder mehrere Patentansprüche
• eine Beschreibung der Erfindung
• ggf. Zeichnungen.

Mit der Anmeldung, spätestens jedoch innerhalb von fünfzehn Monaten nach dem Anmeldetag, ist eine Zusammenfassung (§ 36 PatG) einzureichen und der oder die Erfinder sind zu benennen (§ 37 I PatG).

Die Erfindung ist so zu offenbaren, dass ein Fachmann sie ausführen kann (§ 4 IV PatG). Um formale Fehler zu vermeiden und die geltend gemachten Ansprüche richtig und vollständig zu formulieren, ist die Hinzuziehung eines Patentanwalts dringend zu empfehlen.

Weiterhin ist eine **frühzeitige Anmeldung** von besonderer Wichtigkeit. Zum einen haben spätere Änderungen des Stands der Technik keinen Einfluss mehr. Zum anderen sichert die frühere Anmeldung den Patentanspruch bei Doppelerfindungen. Wenn mehrere Personen unabhängig voneinander eine Erfindung gemacht haben, steht das Recht auf das Patent dem zu, der die Erfindung zuerst beim DPMA angemeldet hat (§ 6 S. 3 PatG).

Beispiel:
Erfinder Egon macht am 1. April eine Erfindung, die er am 25. April beim DPMA zum Patent anmeldet. Erfinder Günther macht unabhängig von Egon am 10. April die gleiche Erfindung, er meldet diese am 15. April beim DPMA an.

Das Recht auf das Patent steht nach § 6 S. 3 PatG Günther zu, da er die Erfindung früher angemeldet hat.

Die Anmeldung wird zunächst nur auf **offensichtliche Mängel** geprüft (§ 42 PatG). Eine automatische sachliche Prüfung erfolgt hingegen nicht, es gilt der Grundsatz der aufgeschobenen Prüfung. Damit wird dem Erfinder die Möglichkeit belassen, sich noch zu entscheiden, ob eine Vermarktung möglich und sinnvoll ist.

Bei offensichtlichen Mängeln werden diese dem Antragsteller mitgeteilt und eine **Frist für die Beseitigung** gesetzt. Werden sie nicht innerhalb der Frist beseitigt, wird der Anmeldeantrag zurückgewiesen. Gegen den **Zurückweisungsbeschluss** kann binnen eines Monats **Beschwerde beim Bundespatentgericht** eingelegt werden (§ 73 PatG). Gegen einen Zurückweisungsbeschluss des Bundespatentgerichts kann binnen eines Monats die **Rechtsbeschwerde zum BGH** eingelegt werden, sofern sie vom Bundespatentgericht zugelassen wurde (§ 100 PatG). Der BGH entscheidet wiederum durch Beschluss.

Liegen keine offensichtlichen Mängel vor oder wurden sie beseitigt, geht das Verfahren weiter. Nach **18 Monaten** erfolgt die **Offenlegung** im Patentblatt (§§ 31 II, 32 II, V PatG). Die Offenlegung hat zur Folge, dass jedermann Einsicht in die Akten der Patentanmeldung nehmen kann.

Der Anmelder kann mit oder nach der Anmeldung eine kostenpflichtige **Recherche** des Standes der Technik und vorläufige Beurteilung der Schutzfähigkeit beantragen und sich damit die Grundlage für eine eigene Einschätzung der Chancen für eine Patenterteilung verschaffen (§ 43 PatG). Die Gebühr für den Rechercheantrag beträgt 300 €.

Die **Prüfung** auf Patentfähigkeit erfolgt nur **auf Antrag** (§ 44 PatG), welcher bereits mit der Anmeldung oder innerhalb von **sieben Jahren** ab Anmeldung gestellt werden kann. Wird der Prüfantrag nicht innerhalb der Frist gestellt, gilt die Anmeldung als zurückgenommen (§ 58 Abs. 3 PatG). Für den Prüfungsantrag wird bei vorher gestelltem Rechercheantrag eine Gebühr von 150 €, sonst eine Gebühr von 350 € erhoben.

Bei der Patentprüfung werden alle Voraussetzungen für die Patentfähigkeit geprüft. Im Rahmen des Prüfungsverfahrens gilt der **Amtsermittlungsgrundsatz**, d.h. das DPMA hat sämtliche Tatsachen von sich aus zu ermitteln. Sind alle Voraussetzungen für eine **Patenterteilung** erfüllt, werden nach Abschluss der Prüfung das Patent (§ 49 I PatG) und die **Patentschrift** (§ 32 III PatG) erteilt; es erfolgt die Eintragung in die **Patentrolle** (§ 30 PatG). Das erteilte Patent wird gemäß §§ 31 II, 32 III, V, 58 I PatG im **Patentblatt** veröffentlicht. Mit der Veröffentlichung treten die gesetzlichen Wirkungen des Patents ein.

Ergeben sich bei der Patentprüfung behebbare **Mängel**, wird dem Anmelder eine Frist zur Mängelbeseitigung gesetzt (§ 45 I PatG). Werden die Mängel nicht fristgerecht beseitigt oder liegt nach der Prüfung keine patentfähige Erfindung vor, so ergeht ein Zurückweisungsbeschluss (§ 48 PatG).

Gegen den Zurückweisungsbeschluss kann **Beschwerde** beim Bundespatentgericht eingelegt werden (§ 73 PatG). Gegen einen Zurückweisungsbeschluss des Bundespatentgerichts ist die **Rechtsbeschwerde** zum BGH möglich, sofern sie vom Bundespatentgericht zugelassen wurde (§ 100 PatG). Der BGH entscheidet wiederum durch Beschluss.

Die **Dauer** des Patentschutzes ist nach § 16 I PatG auf maximal **20 Jahre ab Anmeldung** beschränkt. Dazu sind ab dem dritten Jahr jährlich ansteigende Gebühren zu zahlen (§ 17 PatG). Diese beginnen bei 70 € für das 3. Jahr und steigen bis auf 1.940 € für das 20. Jahr. Zweck dieser Vorschrift ist, für den Erfinder unrentable Erfindungen allgemein zugänglich und benutzbar zu machen. Die Jahresgebühren ermäßigen sich bei schriftlich erklärter Lizenzbereitschaft auf die Hälfte (§ 23 I PatG).

Das Patent **erlischt** nach § 20 I PatG außerdem durch

• schriftliche Verzichtserklärung
• nicht rechtzeitige Erfinderbenennung gemäß § 37 I PatG
• Nichtentrichtung der Patentgebühren.

Dritte können gegen das Patent durch Einspruch und Nichtigkeitsklage vorgehen.

Gegen das erteilte Patent kann jeder innerhalb von neun Monaten nach der Veröffentlichung der Erteilung schriftlich und mit Begründung **Einspruch** beim DPMA erheben (§ 59 PatG). Voraussetzung ist, dass sich der Einspruch auf einen der in § 21 I PatG genannten Widerrufsgründe bezieht:

- fehlende Patentfähigkeit
- fehlende Ausführbarkeit
- widerrechtliche Entnahme aus Erkenntnissen eines anderen
- Überschreiten des Inhalts der Anmeldung

Ist ein zulässiger Einspruch eingelegt, so wird das Patent insgesamt dahingehend überprüft, ob es zu Recht erteilt wurde. Je nach Ergebnis wird das Patent durch Beschluss aufrecht erhalten oder widerrufen. Im Falle des **Widerrufs** hat dieser **Rückwirkung** (§ 21 III PatG).

Gegen den Beschluss des DPMA kann binnen eines Monats **Beschwerde** beim Bundespatentgericht eingelegt werden (§ 73 PatG). Gegen den Beschluss des Bundespatentgerichts ist binnen eines Monats die **Rechtsbeschwerde** zum BGH zulässig, sofern sie vom Bundespatentgericht zugelassen wurde (§ 100 PatG). Der BGH entscheidet wiederum durch Beschluss.

Ein Patent kann auch durch **Nichtigkeitsklage** vor dem Bundespatentgericht angegriffen werden (§ 81 I PatG). Die Klage ist ausgeschlossen, solange die Einspruchsfrist oder das Einspruchsverfahren noch läuft. Die Klage muss sich auf einen **Nichtigkeitsgrund** (§ 22 PatG) beziehen; diese stimmen mit den Widerrufsgründen (§ 21 PatG) überein. Über die Nichtigkeitsklage wird durch **Urteil** entschieden (§ 84 PatG), gegen welches das Rechtsmittel der **Berufung** beim BGH zulässig ist (§ 110 PatG). Auch die Nichtigkeitserklärung hat **Rückwirkung** (§ 22 II PatG).

c)   Rechtswirkung

Die zentrale Rechtsvorschrift, welche die unmittelbare Rechtswirkung des Patents regelt, ist § 9 PatG.

Nach Satz 1 dieser Vorschrift ist nur der **Patentinhaber berechtigt**, die patentierte Erfindung gewerblich zu benutzen. Dies wird jedoch unter den Vorbehalt des geltenden Rechts gestellt. Dabei kommen gesetzliche Benutzungsverbote in Betracht, aber auch die Abhängigkeit von anderen Patenten.

Beispiel:
Erfinder Anton hat ein Patent über eine spezielle Verpackungsmaschine. Erfinder Bertram entwickelt eine bahnbrechende Erweiterung dieser Maschine, die ihm patentiert wird. Bertram kann seine patentierte Entwicklung nur unter Nutzung des Patents von Anton benutzen, es handelt sich um ein abhängiges Patent.

Dritten ist die Benutzung nach Maßgabe des § 9 S. 2 PatG verboten. Bezüglich der Verbotswirkungen ist zwischen Erzeugnis- und Verfahrenspatent zu unterscheiden:

Bei einem **Erzeugnispatent** ist es einem Dritten ohne Zustimmung des Patentinhabers verboten, das Erzeugnis herzustellen, anzubieten, in Verkehr zu bringen, zu gebrauchen oder zu den genannten Zwecken einzuführen oder zu benutzen (§ 9 S. 2 Nr. 1 PatG).

Handelt es sich um ein **Verfahrenspatent**, ist nach § 9 S. 2 Nr. 2 PatG die Anwendung des Verfahrens und das Anbieten der Verfahrensanwendung verboten. § 9 S. 2 Nr. 3 PatG verbietet es, ein durch das geschützte Verfahren hergestelltes Erzeugnis anzubieten, in Verkehr zu bringen, zu gebrauchen oder zu den genannten Zwecken einzuführen oder zu benutzen.

In diesem Zusammenhang ist der sog. „**Erschöpfungsgrundsatz**" zu beachten, der im Patentrecht (anders als z.B. im Urheber- und Markenrecht) ohne gesetzliche Verankerung gewohnheitsrechtlich gilt. Erschöpfung tritt ein, wenn der geschützte Gegenstand durch den Patentinhaber oder mit dessen Zustimmung in den Verkehr gebracht wird. Der konkrete Gegenstand darf dann genutzt, verwertet oder veräußert werden.

Beispiel:
Unternehmer Uhland erwirbt von der Maschinenbau GmbH eine Maschine, an der diese ein Patent hat. Uhland darf die Maschine benutzen, weiterveräußern, vermieten usw., ohne die Zustimmung der Maschinenbau GmbH zu benötigen.

Ergänzt wird die unmittelbare Rechtswirkung durch die **mittelbare Wirkung** des § 10 PatG. Diese Vorschrift verbietet es, anderen als zur Benutzung des Patents Berechtigten Mittel zur Benutzung der Erfindung anzubieten oder zu liefern, die sich auf ein wesentliches Element der Erfindung beziehen (Umgehungslösung).

Der konkrete **Umfang** des Schutzbereichs des § 9 PatG wird nach § 14 PatG durch die angemeldeten Ansprüche festgelegt. Der Schutzumfang wird zudem durch die §§ 11 bis 13 PatG begrenzt.

Erlaubt sind zum einen gemäß § 11 Nr. 1-3 PatG Handlungen, die nicht gewerblich sind, insbesondere Handlungen im privaten Bereich (§ 11 Nr. 1 PatG) oder Handlungen zu Versuchszwecken (§ 11 Nr. 2 PatG). Zum anderen gelten gemäß § 11 Nr. 4-6 PatG noch Ausnahmen für den Bereich des Güter- und Personenverkehrs.

Durch § 12 PatG wird der Besitzstand des **Vorbenutzers** geschützt, indem die Wirkung des Patents gegen den nicht eintreten, der die Erfindung schon vor der Anmeldung in Benutzung genommen oder die dazu erforderlichen Maßnahmen („Veranstaltungen") getroffen hat. Der Vorbenutzer darf die Erfindung weiterhin eigenbetrieblich nutzen..

§ 13 PatG ermächtigt die Bundesregierung anzuordnen, dass eine patentierte Erfindung im **Interesse des Allgemeinwohls** benutzt werden soll. Die Norm begründet eine Ermächtigung für eine Enteignung und enthält zugleich eine entsprechende Entschädigungsregelung.

Wird eine patentierte Erfindung entgegen §§ 9-13 PatG benutzt, kann der Patentinhaber nach § 139 I PatG Unterlassung sowie bei Verschulden nach § 139 II PatG Schadensersatz verlangen.

Der **Unterlassungsanspruch** dient dem Schutz des Patentinhabers vor zukünftigen Verletzungen. Voraussetzung ist **rechtswidrige** Schutzrechtsverletzung, auf ein Verschulden kommt es nicht an. Der Unterlassungsanspruch wird durch eine **Abmahnung**, verbunden mit der Aufforderung eine strafbewehrte Unterlassungserklärung abzugeben, geltend gemacht. Weigert sich der Dritte, die Unterlassungserklärung abzugeben oder reagiert er nicht, dann kommt es im Regelfall zu einer gerichtlichen Auseinandersetzung. Die Ansprüche auf Unterlassung können im Rahmen eines Antrags auf **einstweilige Verfügung** (§ 940 ZPO) und durch **Klage** vor den Zivilgerichten geltend gemacht werden.

Ein Anspruch auf **Schadensersatz** setzt **Verschulden**, d.h. Vorsatz oder Fahrlässigkeit (§ 276 BGB) voraus. Zur Bemessung des Schadensersatzanspruchs kommen drei Methoden in Betracht:

• Lizenzanalogie
• Entgangener Gewinn
• Herausgabe des Gewinns.

Weiterhin können nach §§ 140a ff. PatG **Vernichtungs- und Auskunftsansprüche** geltend gemacht werden. Eine Patentverletzung ist nach § 142 PatG **strafbewehrt**.

Die Rechte an einer Erfindung vor einer Patentanmeldung, der Anspruch auf Patenterteilung ab der Anmeldung sowie die Rechte an einem erteilten Patent sind wie andere Vermögensrechte auch, **vererblich** und vertraglich **übertragbar** (§ 15 I PatG).

Neben der Veräußerung des Patents kommt die praktisch noch bedeutsamere Einräumung von Nutzungsrechten in Form von Lizenzen in Betracht (§ 15 II PatG). Der **Lizenzvertrag** ist ein gesetzlich nicht geregelter Vertragstyp. Die konkreten Inhalte unterliegen der Vertragsfreiheit. In betracht kommen z.b. befristete oder unbefristete Lizenzen, Herstellungs-, Vertriebs- oder Gebrauchslizenzen.

Nach § 15 II PatG kommen **ausschließliche** und nicht **ausschließliche** (einfache) Lizenzen in Betracht. Bei einer ausschließlichen Lizenz gibt es nur einen Lizenznehmer, dem das alleinige Recht zur Verwertung der Erfindung eingeräumt wird. Die ausschließliche Lizenz wird auf Antrag in die Patentrolle eingetragen (§ 30 IV PatG). Eine einfache Lizenz gibt dem Lizenzinhaber das Verwertungsrecht, welches durch den Inhaber des Patents aber auch anderen Lizenznehmern eingeräumt werden kann.

2. Gebrauchsmuster
a) Schutzrechtsgegenstand und Schutzvoraussetzungen

Das Gebrauchsmuster ist ein dem Patent sehr ähnliches Schutzrecht. Es ist jedoch einfacher, schneller und kostengünstiger zu erlangen. Im Gegenzug beträgt die maximale Schutzfrist nur 10 Jahre. Aufgrund der Ähnlichkeit werden in der Folge im Wesentlichen nur die Unterschiede zwischen Patent und Gebrauchsmuster dargestellt.

Gebrauchsmuster werden gemäß § 1 I GebrMG für **Erfindungen** erteilt, die **neu** sind, auf einem **erfinderischen Schritt** beruhen und **gewerblich anwendbar** sind.

Gebrauchsmusterfähig sind nur Erzeugnisse, **nicht** aber **Verfahren**, § 2 Nr. 3 GebrMG. Ausgeschlossen sind nach § 1 II Nr. 5 GebrMG auch **biotechnologische Erfindungen** i.S.d. § 1 II PatG.

Die grundlegenden Voraussetzungen für das Vorliegen einer technischen Erfindung, die im Zusammenhang mit dem Patent dargestellt wurden, gelten für das Gebrauchsmuster in gleicher Weise.

Die Ausschlüsse bei der Patentfähigkeit gelten entsprechend auch für Gebrauchsmuster (§ 1 II, § 2 GebrMG).

Liegt eine technische Erfindung vor, die nicht den Ausschlüssen unterliegt, müssen nach § 1 I GebrMG drei weitere Voraussetzungen erfüllt sein, damit eine Gebrauchsmustererteilung möglich ist:

- Neuheit
- Erfinderischer Schritt
- Gewerbliche Anwendbarkeit

Der Begriff der Neuheit nach § 3 GebrMG ist beim Gebrauchsmuster weiter gefasst als der Neuheitsbegriff des Patents. Der Gegenstand eines Gebrauchsmusters gilt als **neu**, wenn er **nicht zum Stand der Technik** gehört. Zum Stand der Technik zählen nur schriftlich niedergelegte Beschreibungen oder eine offenkundige Benutzung im Inland (§ 3 I S. 2 GebrMG). Gemäß § 3 I S. 3 GebrMG gilt außerdem eine Neuheitsschonfrist von sechs Monaten für eigene Vorveröffentlichungen.

Beispiel:
In der Entwicklungsabteilung eines Fahrzeugherstellers ist ein völlig neues Antriebssystem mit bahnbrechenden Möglichkeiten entwickelt worden. Um den Markt zu testen, sind wesentliche technische Daten vor vier Monaten in einer Fachzeitschrift veröffentlicht worden. Welches Schutzrecht kommt in Betracht? Da vor Anmeldung eine Veröffentlichung stattgefunden hat, fehlt es an der Neuheit i.S.d. § 3 I PatG. Damit ist der Patentschutz ausgeschlossen. Der Gegenstand eines Gebrauchsmusters gilt demgegenüber als neu, wenn er nicht zum Stand der Technik gehört, wobei eine sechsmonatige Schonfrist für eigene Vorveröffentlichungen gilt (§ 3 II GebrMG). Für die Neuentwicklung ist die Vorveröffentlichung für den Gebrauchsmusterschutz unschädlich, sofern die Anmeldung beim DPMA vor Ablauf der Sechsmonatsfrist erfolgt.

Während für ein Patent eine „erfinderische Tätigkeit" verlangt wird, fordert das Gebrauchmusterrecht einen „**erfinderischen Schritt**", § 1 I GebrMG. An die Erfindungshöhe, also den Abstand vom Stand der Technik, wurden damit nach früherer Auffassung geringere Anforderungen als beim Patent gestellt. Allerdings hat die neuere Rechtsprechung des BGH[47] klargestellt, dass bei der Auslegung des Begriffs des „erfinderischen Schritts" auf die im Patentrecht entwickelten Grundsätze zurückzugreifen sei. Daraus ist u.a. abzuleiten, dass sich für einen Fachmann in naheliegender Weise aus dem Stand der Technik ergebende Ergebnisse nicht auf einem erfinderischen Schritt beruhen. Damit erfolgt eine **weitgehende Angleichung** an die „erfinderische Tätigkeit".

Bezüglich der gewerbliche Anwendbarkeit gilt nach § 3 II GebrMG wie im Patentrecht die Voraussetzung, dass der Gegenstand in irgendeinem gewerblichen Gebiet einschließlich der Landwirtschaft eingesetzt werden kann.

---

[47] *BGH*, Beschluss vom 20. Juni 2006 – X ZB 27/05.

b)   Verfahren

Nach § 13 III GebrMG gelten die Vorschriften der §§ 6-8 PatG auch für das Gebrauchsmuster. D.h. das Recht auf das Gebrauchsmuster steht dem Erfinder zu. Der Anmelder gilt als berechtigt, die Gebrauchsmustererteilung zu verlangen. Der Berechtigte kann vom unberechtigten Anmelder Abtretung des Anspruchs auf Gebrauchsmustererteilung bzw. bei bereits erteiltem Gebrauchsmuster die Übertragung verlangen.

Für die Erlangung des Gebrauchsmusters ist nach § 4 GebrMG eine **Anmeldung** beim DPMA oder einem autorisierten PIZ erforderlich, welche

• den Namen des Anmelders
• Antrag auf Erteilung des Gebrauchsmusters, in dem der Gegenstand kurz aber genau bezeichnet ist
• einen oder mehrere Schutzansprüche
• eine Beschreibung des Gegenstandes und
• ggf. Zeichnungen

enthält (§ 4 III GebrMG). Es wird eine Anmeldegebühr von 40 € erhoben.

Bei der Anmeldung des Gebrauchsmusters erfolgt nur die **formelle Prüfung**, ob die Anmeldung den Anforderungen der §§ 4, 4a GebrMG entspricht. Im Gegensatz zum Patent erfolgt **keine Prüfung** der materiellen Schutzvoraussetzungen. Es handelt sich somit um ein ungeprüftes Schutzrecht (§ 8 I S. 2 GebrMG).

Über die Anmeldung entscheidet das DPMA durch **Beschluss**. Gegen den Beschluss kommt das Rechtsmittel der **Beschwerde** vor dem Bundespatentgericht in Betracht (§ 18 I GebrMG). Gegen den Beschluss des Bundespatentgerichts ist die **Rechtsbeschwerde** zum BGH möglich, sofern sie vom Bundespatentgericht zugelassen wurde (§ 18 IV GebrMG).

Sind die formalen Anforderungen erfüllt, erfolgt die Eintragung in die **Gebrauchsmusterrolle** (§ 8 I S. 1 GebrMG), dies wird im **Patentblatt** bekannt gemacht (§ 8 III GebrMG). Mit der Eintragung entstehen die Rechtswirkungen des Gebrauchsmusters (§ 11 I S. 1 GebrMG). Die Rechtswirkungen treten nach § 13 I GebrMG jedoch nicht ein, wenn ein **Löschungsanspruch** nach § 15 I GebrMG besteht, d.h. die (nicht geprüften) Schutzvoraussetzungen nicht vorliegen.

Die **Dauer** des Gebrauchsmusterschutzes ist nach § 23 GebrMG auf maximal 10 Jahre ab Anmeldung beschränkt. Dazu sind nach 3, 6 und 8 Jahren Aufrechterhaltungsgebühren in Höhe von 210 €, 350 € bzw. 530 € zu entrichten.

Ein Gebrauchsmuster kann nach §§ 15 ff. GebrMG durch **Löschung** zu Fall gebracht werden. Dazu ist ein schriftlicher Löschungsantrag beim DPMA zu stellen (§ 16 GebrMG). Der Löschungsantrag kann nur auf die in § 15 I GebrMG genannten Gründe gestützt werden, insbesondere auf fehlende Schutzfähigkeit nach §§ 1-3 GebrMG.

Der Löschungsantrag wird dem Gebrauchsrechtsinhaber zugestellt, der dann binnen eines Monats Stellung nehmen kann (§ 17 I S. 1 GebrMG). Erfolgt innerhalb der Frist kein Widerspruch, wird das Gebrauchsmuster gelöscht (§ 17 I S. 2 GebrMG). Im Falle des Widerspruchs erfolgt die Information des Antragstellers und über den Antrag wird auf Grund einer mündliche Verhandlung beschlossen (§ 17 III GebrMG). In Betracht kommt ein **Beschluss** über die Löschung, Teillöschung oder Zurückweisung des Löschungsantrags. Der Unterlegene kann gegen den Beschluss **Beschwerde** vor dem Bundespatentgericht einlegen und gegen dessen Entscheidung ggf. **Rechtsbeschwerde** zum BGH (§ 18 GebrMG).

c)   Rechtswirkung

Die Rechtswirkungen des Gebrauchsmusters entsprechen im Wesentlichen denen eines Erzeugnispatents.

Nach § 11 I S. 1 GebrMG dieser ist nur der Gebrauchsmusterinhaber berechtigt, den Gegenstand gewerblich zu benutzen. Einem **Dritten** ist es ohne Zustimmung des Inhabers **verboten**, das Erzeugnis herzustellen, anzubieten, in Verkehr zu bringen, zu gebrauchen oder zu den genannten Zwecken einzuführen oder zu besitzen (§ 11 I S. 2 GebrMG).

Zu beachten ist auch beim Gebrauchsmuster der **Erschöpfungsgrundsatz**. Die unmittelbare Rechtswirkung wird durch die mittelbare Wirkung des § 11 II GebrMG ergänzt, welche Umgehungslösungen verbietet.

Der konkrete **Umfang** des Schutzbereichs des § 11 GebrMG wird nach § 12a GebrMG durch die angemeldeten Ansprüche festgelegt. Der Schutzumfang wird durch § 12 GebrMG begrenzt, der insbesondere die nichtgewerbliche Benutzung im privaten Bereich und zu Versuchszwecken erlaubt. Die Regelungen über das Vorbenutzungsrecht (§ 12 PatG) und die staatliche Benutzungsanordnung (§ 13 PatG) gelten auch für Gebrauchsmuster (§ 13 III GebrMG).

Wird ein durch Gebrauchsmuster geschützter Gegenstand entgegen §§ 11-14 GebrMG benutzt, kann der Inhaber nach § 24 I GebrMG **Unterlassung** sowie bei Verschulden nach § 24 II GebrMG **Schadensersatz** verlangen.[48] Weiterhin können nach §§ 24a ff. GebrMG u.a. Vernichtungs- und Auskunftsansprüche geltend gemacht werden. Eine Gebrauchsmusterverletzung ist nach § 25 GebrMG **strafbewehrt**.

Das Gebrauchsmuster ist wie das Patent **vererblich** und **übertragbar** (§ 22 I GebrMG). Dabei gelten die gleichen Rechtsgrundsätze wie bei der Übertragung von Patenten.

Nach § 22 II GebrMG kommt auch für Gebrauchsmuster die Einräumung ausschließlicher und nicht ausschließlicher (einfacher) **Lizenzen** in Betracht. Bei einer ausschließlichen Lizenz gibt es nur einen Lizenznehmer, dem das alleinige Recht zur Verwertung der Erfindung eingeräumt wird. Eine einfache Lizenz gibt dem Lizenzinhaber das Verwertungsrecht, welches durch den Inhaber des Gebrauchsmusters aber auch anderen Lizenznehmern eingeräumt werden kann.

d)   Patent und Gebrauchsmuster

Sofern eine Erfindung sowohl patent- als auch gebrauchsmusterfähig ist,[49] stellt sich die Frage, welcher Schutz beantragt werden sollte. Dabei ist vor allem wichtig, inwiefern beide Rechte parallel genutzt werden können, ob ein Wechsel möglich ist und wo die Vor- und Nachteile der beiden Systeme liegen.

Ausgangspunkt ist dabei, dass grundsätzlich die Möglichkeit besteht, **für eine Erfindung gleichzeitig** ein **Patent** und ein **Gebrauchsmuster** zu beantragen, sofern die Voraussetzungen für beide Schutzrechte erfüllt sind. Der Vorteil besteht darin, dass zum einen der Schutz bereits mit Eintragung des Gebrauchsmusters nach relativ kurzer Zeit entsteht, während beim Patent i.d.R. mehrere Jahre bis zur Eintragung und damit Entstehung des Schutzrechts vergehen. Zum zweiten kann das Gebrauchsmuster u.U. wirksam entstehen, wenn die Voraussetzungen für ein Patent sich im Nachhinein als nicht gegeben herausstellen. Nachteil der Doppelanmeldung sind vor allem die höheren Kosten.

Wird zunächst nur ein Patent angemeldet, so kommt eine **nachträgliche Abzeigung** eines Gebrauchsmusters unter Wahrung des Zeitrangs in Betracht (§ 5 GebrMG).

---

[48] Zu den Einzelheiten siehe oben zum Patentrecht.
[49] Die Frage stellt sich demnach nicht bei Verfahrenserfindungen und biotechnologischen Erfindungen.

Das ist vor allem dann sinnvoll, wenn eine bereits erfolgte Patentanmeldung z.B. wegen einer Vorveröffentlichung nicht zur Patenterteilung führt, ein Einspruchsverfahren gegen das Patent eingeleitet wird oder gegen eine Verletzung schon während des Patenterteilungsverfahrens vorgegangen werden soll.

Aufgrund der Abzweigungsmöglichkeit, der längeren Schutzdauer und des weiteren Schutzumfangs ist bei Einzelanmeldungen i. Zw. das Patent vorzugswürdig.

Ein Gebrauchsmuster als alleiniges Schutzrecht ist nur dann zu empfehlen, wenn davon auszugehen ist, dass eine längere Schutzdauer als 10 Jahre nicht benötigt wird oder eine Vorveröffentlichung erfolgt ist.

3. Arbeitnehmererfindungen

Eine Vielzahl von Erfindungen wird von Arbeitnehmern gemacht. Daraus ergibt sich folgende **Problematik**: Das Recht am Patent steht nach § 6 PatG dem Erfinder zu, gleiches gilt nach § 13 III GebrMG für ein Gebrauchsmuster. Andererseits stehen die Ergebnisse der Tätigkeit eines Arbeitnehmers dem Arbeitgeber zu. Dieser Konflikt wird durch das Gesetz über Arbeitnehmererfindungen (ArbnErfG) gelöst, indem der Arbeitgeber das Recht eingeräumt bekommt, die Erfindung durch einseitige Erklärung für sich zu beanspruchen. Zum Ausgleich ist er verpflichtet, das Schutzrecht tatsächlich anzumelden und dem Arbeitnehmer eine angemessene Vergütung zu zahlen.

Dem ArbnErfG unterliegen primär Erfindungen von Arbeitnehmern, Beamten und Soldaten (§ 1 ArbnErfG), sofern die Erfindung patent- bzw. gebrauchsmusterfähig ist (§ 2 ArbnErfG).

Bei schutzfähigen Erfindungen ist nach § 4 I ArbnErfG zwischen **Diensterfindungen** (gebundene Erfindungen) und **freien Erfindungen** (sonstige Erfindungen) zu unterscheiden.

Diensterfindungen sind gemäß § 4 II ArbnErfG während der Dauer des Arbeitsverhältnisses gemachte Erfindungen, die

- aus der dem Arbeitnehmer obliegenden Tätigkeit resultieren oder
- auf den Erfahrungen oder Arbeiten des Betriebs beruhen.

Bei Diensterfindungen ist der Arbeitnehmer zur **unverzüglichen Meldung** an den Arbeitgeber in Textform (§ 126b BGB) verpflichtet (§ 5 I ArbnErfG). Dabei ist die Erfindung so genau darzustellen, dass der Arbeitgeber in der Lage ist, zu beurteilen, welchen Nutzen die Erfindung bringt und ob ein Schutzrecht in Betracht kommt (§ 5 II ArbnErfG). Bei nicht ordnungsgemäßer Meldung kann der Arbeitgeber binnen 3 Monaten Nachbesserung verlangen (§ 5 III ArbnErfG).

Der Arbeitgeber kann die Diensterfindung durch **einseitige Erklärung** gegenüber dem Arbeitnehmer **in Anspruch nehmen** (§ 6 I ArbnErfG) oder durch Erklärung in Textform freigeben (§ 8 ArbnErfG). Durch die **Freigabeerklärung** wird die Diensterfindung zur freien Erfindung. Äußert sich der Arbeitgeber binnen vier Monaten nicht, gilt sein Schweigen als Inanspruchnahme (§ 6 II ArbnErfG).

Mit der Inanspruchnahme gehen die vermögensrechtlichen Ansprüche auf den Arbeitgeber über (§ 7 I ArbnErfG), evtl. Verfügungen des Arbeitnehmers sind dem Arbeitgeber gegenüber unwirksam (§ 7 II ArbnErfG). Im Gegenzug hat der Arbeitnehmer Anspruch auf eine angemessene **Vergütung** (§ 9 I ArbnErfG).

Die **Höhe der Vergütung** hängt von der wirtschaftlichen Verwertbarkeit der Erfindung, der Position des Arbeitnehmers und dem Anteil des Betriebs am Zustandekommen der Erfindung ab (§ 9 II ArbnErfG). Die Einzelheiten sind in einer nach § 11 ArbnErfG erlassenen Richtlinie festgelegt.

Nach § 12 ArbnErfG ist vorgesehen, dass die Art und Höhe der Vergütung durch Vereinbarung zwischen Arbeitgeber und Arbeitnehmer in angemessener Frist festgestellt werden soll. Kommt keine Vereinbarung zu Stande, erfolgt spätestens drei Monate nach Schutzrechtserteilung eine Festsetzung durch den Arbeitgeber in Textform (§ 12 III ArbnErfG). Der Arbeitnehmer kann dieser Festsetzung innerhalb von zwei Monaten widersprechen (§ 12 IV ArbnErfG). Es kommt dann ein Schiedsverfahren vor der beim DPMA eingerichteten Schiedsstelle in Betracht (§§ 28 ff. ArbnErfG). Scheitert die Schlichtung, steht dem Arbeitnehmer der Klageweg offen.

Der Arbeitgeber ist im Falle der Inanspruchnahme berechtigt und verpflichtet, die Erfindung zur Schutzrechtserteilung anzumelden (§ 13 I ArbnErfG). Dies gilt nach § 13 II ArbnErfG nicht, wenn:

• die Freigabe nach § 8 ArbnErfG erfolgt ist,
• wenn der Arbeitnehmer der Nichtanmeldung zustimmt oder
• die Bekanntgabe aufgrund der Betroffenheit eines Betriebsgeheimnisses nicht erfolgt.

Der Arbeitgeber hat das Recht, die Erfindung auch im Ausland anmelden (§ 14 I ArbnErfG). Für die Staaten, in denen er keine Anmeldung vornimmt, muss er sie freigeben, damit der Arbeitnehmer die Erfindung anmelden kann (§ 14 II ArbnErfG).

Freie Erfindungen sind sonstige Erfindungen eines Arbeitnehmers, die während des Arbeitsverhältnisses jedoch ohne Resultat der Arbeitstätigkeit zu sein oder auf betrieblichen Erfahrungen zu basieren (§ 4 III ArbnErfG). Freie Erfindungen unterliegen nach § 18 I ArbnErfG einer unverzüglichen **Mitteilungspflicht** an den Arbeitgeber. Der Zweck dieser Mitteilungspflicht besteht darin, dass dem Arbeitgeber die Möglichkeit zur Prüfung gegeben wird, dass tatsächlich kein betrieblicher Bezug vorliegt. Die Mitteilungspflicht entfällt damit nur, wenn eine betriebliche Verwertung offensichtlich ausscheidet (§ 18 III ArbnErfG).

An freien Erfindungen hat der Arbeitnehmer grundsätzlich das Verwertungsrecht. Allerdings besteht nach § 19 I ArbnErfG die Pflicht, dem Arbeitgeber zumindest eine einfache Lizenz anzubieten. Dieses Angebot erlischt, wenn es der Arbeitgeber nicht binnen drei Monaten annimmt.

4. Eingetragenes Design
a) Schutzrechtsgegenstand und Schutzvoraussetzungen

Das Designgesetz (DesignG)[50] dient dem Designschutz von Produkten. Geschützt wird also der auf das Auge wirkende Eindruck des Erzeugnisses. Schutzfähig sind nach § 2 I DesignG **Designs**, die **neu** sind und **Eigenart** haben.

Ein Design ist eine konkrete **zwei- oder dreidimensionale Erscheinungsform** eines ganzen **Erzeugnisses** oder eines Teils davon (§ 1 Nr. 1 DesignG).

Als **Erzeugnis** gilt nach § 1 Nr. 2 DesignG jeder industrielle oder handwerkliche Gegenstand, einschließlich Verpackung, Ausstattung, grafische Symbole, typografische Schriftzeichen, sowie Einzelteile, die zu einem komplexen Erzeugnis zusammengebaut werden sollen. Computerprogramme gelten nicht als Erzeugnis.

Beispiele:
Kleidung, Schmuck, Haushaltsgeräte, Möbel, Tapeten, auch Teile von Erzeugnissen wie z.B. der Kotflügel[51] oder die Felge[52] eines Pkw

---

[50] Bis 31.12.2013 als GeschmMG bezeichnet, statt dem Begriff eingetragenes Design wurde der Begriff Geschmacksmuster verwendet; Neufassung durch das Designgesetz in der Fassung der Bekanntmachung vom 24. Februar 2014, BGBl. I S. 122.

[51] *BGH*, Urteil vom 16. Oktober 1986 – I ZR 6/85.

[52] *OLG Frankfurt/Main*, Urteil vom 20. Januar 1994 – 6 U 124/91 und *BGH*, Nichtannahmebeschluss vom 3. November 1994 – I ZR 35/94.

Nicht schutzfähig sind nach § 3 I DesignG:

- durch die technische Funktion bedingte Erscheinungsmerkmale,
- Erzeugnisse, die auf eine bestimmte Weise gestaltet sein müssen, um mit anderen Bauteilen zusammenzupassen,
- Designs die gegen die öffentliche Ordnung oder die guten Sitten verstoßen sowie
- Hoheitszeichen, Wappen usw. i.S.d. Art. 6ter der PVÜ.

Designs sind nur schutzfähig, wenn sie **neu** sind und **Eigenart** haben.

Das Design ist **neu**, wenn es zum Zeitpunkt der Anmeldung kein identisches Design gibt, welches offenbar war, es sei denn, dass es den Fachkreisen des betreffenden Sektors nicht bekannt sein konnte (§§ 2 II, 5 DesignG). Designs, die sich nur in unwesentlichen Einzelheiten unterscheiden, gelten als identisch. Als Anmeldetag gilt nach § 13 DesignG der Tag, an dem die für die Anmeldung erforderlichen Unterlagen (§ 11 II DesignG) beim DPMA oder einem zugelassenen PIZ eingegangen sind. An die Stelle des Anmeldetags tritt bei Inanspruchnahme einer Priorität (§§ 14, 15 DesignG) der Prioritätstag. Nach § 6 DesignG gilt für Eigenveröffentlichungen eine 12monatige Neuheitsschonfrist.

Eigenart setzt voraus, dass sich der Gesamteindruck, den das Design beim informierten Benutzer hervorruft, von dem Gesamteindruck unterscheidet, den ein anderes Design bei diesem Benutzer hervorruft (§ 2 III DesignG).

b)   Verfahren

Das Recht auf das Design steht demjenigen zu, der es entworfen hat (§ 7 I DesignG). Im Designrecht gilt das ArbnErfG nicht. Erstellt ein Arbeitnehmer ein Design im Rahmen seiner Arbeitsaufgaben, steht das Recht automatisch dem Arbeitgeber zu (§ 7 II DesignG). Die Berechtigung des Anmelders wird nicht geprüft (§ 19 II DesignG). Wird ein Design zugunsten eines Nichtberechtigten eingetragen, kann der Berechtigte binnen 3 Jahren Übertragung bzw. Löschungsbewilligung verlangen (§ 9 I, II DesignG).

Der Designschutz setzt eine **Anmeldung** beim DPMA voraus (§ 11 DesignG). Die Anmeldung muss enthalten:

- einen Antrag auf Eintragung
- Identitätsangaben zum Anmelder
- eine zur Bekanntmachung geeignete Wiedergabe des Design
- eine Angabe der Erzeugnisse, in die das Design aufgenommen oder bei denen es verwendet werden soll.

Für die Anmeldung wird eine Gebühr von 70 € erhoben. Möglich ist auch eine **Sammelanmeldung** von bis zu 100 Designs (§ 12 I DesignG). Die Anmeldung wird lediglich **formell** geprüft, eine Prüfung der materiellen Schutzvoraussetzungen Neuheit und Eigenart erfolgt hingegen nicht (§ 16 DesignG). Es handelt sich somit um ein ungeprüftes Schutzrecht.

Über die Anmeldung entscheidet das DPMA durch **Beschluss**. Gegen den Beschluss kommt das Rechtsmittel der **Beschwerde** vor dem Bundespatentgericht in Betracht (§ 23 IV DesignG). Gegen den Beschluss des Bundespatentgerichts ist die **Rechtsbeschwerde** zum BGH möglich, sofern sie vom Bundespatentgericht zugelassen wurde (§ 23 V DesignG).

Sind die formalen Anforderungen erfüllt, erfolgt die Eintragung ins **Designregister** (§ 19 II DesignG) dies wird im **Designblatt** bekannt gemacht (§ 20 DesignG). Mit der Eintragung entstehen die Rechtswirkungen des eingetragenen Design (§ 27 I DesignG). Die Rechtswirkungen treten nach § 33 IV DesignG jedoch nicht ein, wenn die Nichtigkeit rechtskräftig festgestellt wird.

Die **Schutzdauer** beträgt maximal 25 Jahre (§ 27 II DesignG). Nach jeweils 5 Jahren sind steigende Aufrechterhaltungsgebühren in Höhe von 90 €, 120 €, 150 € bzw. 180 € zu entrichten (§ 28 I DesignG).

Das eingetragene Design kann durch ein **Nichtigkeitsverfahren** vor den DPMA gemäß § 34a DesignG angegriffen werden. Die Nichtigkeit ist nach § 33 DesigG gegeben, wenn kein Design vorliegt (§ 1 Nr. 1 DesignG), es nicht neu ist (§ 2 II DesignG), keine Eigenheit aufweist (§ 2 II DesignG) oder ein Eintragungshindernis nach § 3 DesignG vorliegt. Folge ist nach § 36 I Nr. 5 DesignG die Löschung.

c) Rechtswirkung

Mit der Eintragung im Designregister hat der Inhaber das **ausschließliche Benutzungsrecht** an dem geschützten Design, die Nachbildung ist verboten (§ 38 DesignG).

Der **Umfang** des Designschutzes wird durch die §§ 40, 41 DesignG begrenzt. Erlaubt ist nach § 40 DesignG insbesondere die nichtgewerbliche Benutzung im privaten Bereich und zu Versuchszwecken. Der Vorbenutzer, der ein identisches Design unabhängig erstellt hat, ohne dieses zur Eintragung anzumelden, darf dieses weiterhin verwenden (§ 41 DesignG). Zu beachten ist auch beim Design der Erschöpfungsgrundsatz (§ 48 DesignG).

Wird ein durch eingetragenes Design geschütztes Design entgegen § 38 DesignG benutzt, kann der Inhaber nach § 42 I DesignG **Unterlassung** sowie bei Verschulden nach § 42 II DesignG **Schadensersatz** verlangen.[53]

Weiterhin können nach §§ 43 ff. DesignG u.a. Vernichtungs- und Auskunftsansprüche geltend gemacht werden. Eine Designverletzung ist nach § 51 DesignG strafbewehrt.

Wie ein Patent und ein Gebrauchsmuster kann auch das eingetragene Design **vererbt** und rechtsgeschäftlich **übertragen** werden (§ 29 I DesignG). Es kommt eine unbeschränkte Übertragung per Veräußerung oder die Einräumung einer **Designlizenz** nach § 31 DesignG in Betracht.

5. Markenrecht
a) Schutzrechtsgegenstand

Das Gesetz über den Schutz von Marken und sonstigen Kennzeichen – Markengesetz (MarkenG) – schützt nach § 1 MarkenG:

- Marken,
- Geschäftliche Bezeichnungen und
- Geographische Herkunftsangaben.

Als Marke sind **zur Unterscheidung von Waren und Dienstleistungen geeignete Zeichen** schutzfähig (§ 3 I MarkenG).

Zeichen sind **durch die Sinne wahrnehmbare Symbole**, nicht jedoch abstrakte Ideen, wie das Konzept eines transparenten Staubsaugerbehälters.[54]

Abstrakte Markenfähigkeit setzt weiterhin die **Eignung zur Unterscheidung** von Waren oder Dienstleitungen von den Waren oder Dienstleistungen anderer Unternehmen voraus.

In Betracht kommen insbesondere

- Wortmarken
  Beispiele: „Persil", „MAGGI", „4711", „Mit dem Zweiten sieht man besser"
- Bildmarken
  Beispiel: Mercedes-Stern, Lufthansa-Kranich

---

[53] Dabei gelten die oben zum Patentrecht dargestellten Grundsätze.
[54] *EuGH*, Urteil vom 25. Januar 2007 – C-321/03.

- Wort-/Bildmarken
  Beispiele: OBI-Biber, Schwarzkopf
- Hörmarken
  Beispiele: Haribo-, Telekom-Jingle
- Farbmarken
  Beispiel: Telekom-Magenta, Sparkassen-Rot
- dreidimensionale Marken
  Beispiele: Toblerone, Dimple-Flasche.

Geruchs- und Geschmacksmarken weisen zwar prinzipielle Unterscheidungskraft auf sind aber mangels graphischer Darstellungsfähigkeit nicht markenfähig. Abstrakt markenfähig sind Tastmarken, die graphische Darstellungsfähigkeit ist aber zumindest problematisch.

Dem Markenschutz **nicht zugänglich** sind nach § 3 II MarkenG:

- Formen, die durch die Art der Ware bedingt sind, z.b. die Form eines Deorollers
- Formen, die zur Erzielung einer technischen Wirkung erforderlich sind, z.b. Legosteine[55]
- Formen, die der Ware einen wesentlichen Wert verleihen, z.b. Design eines besonders gestalteten Bang und Olufsen-Lautsprechers

Neben Marken werden durch das Markengesetz auch geschäftliche Bezeichnungen geschützt (§ 1 Nr. 2 MarkenG). Im Gegensatz zu Marken, welche Produkte oder Dienstleistungen individualisieren, dienen die geschäftlichen Bezeichnungen der Identifizierung eines Unternehmens. Dabei kann es zu Überschneidungen kommen.

Zu den geschäftlichen Bezeichnungen zählen **Unternehmenskennzeichen** und **Werktitel** (§ 5 I MarkenG). Unternehmenskennzeichen sind nach § 5 II MarkenG

- Namen (§ 12 BGB)
- Firmen (§ 17 HGB)
- besondere Geschäftsbezeichnungen und
- Geschäftsabzeichen

die im geschäftlichen Verkehr benutzt werden.

Werktitel sind Namen von Druckschriften, Filmen, Ton- und Bühnenwerken u.ä. wie Computerprogramme (§ 5 III MarkenG).

---

[55] *EuGH*, Urteil vom 14. September 2010 – C-48/09 P.

Auch geographische Herkunftsangaben unterliegen dem Schutz des Markengesetzes (§ 1 Nr. 3 MarkenG). Als solche gelten die Namen von Orten, Gegenden, Gebieten oder Ländern sowie sonstige Zeichen, die im geschäftlichen Verkehr der geographischen Herkunftsangabe dienen (§ 126 I MarkenG).

Der wesentliche Unterschied zur Marke besteht darin, dass die Marke i.d.R. ein Individualrecht begründet,[56] die geographische Herkunftsangabe aber von einer Gruppe Berechtigter verwendet werden kann.

Nicht schutzfähig als geographische Herkunftsangabe sind demgegenüber **Gattungsbezeichnungen** (§ 126 II MarkenG). Dies ist dann der Fall, wenn die Bezeichnung zwar eine Herkunftsangabe enthält, diese jedoch ihre ursprüngliche Bedeutung verloren hat und nunmehr lediglich als Beschaffenheitsangabe verstanden wird.

Beispiele:
Wiener Würstchen, Hamburger, Berliner, Kassler, Pils

Die Abgrenzung zwischen geographischer Herkunftsangabe und Gattungsbezeichnung ist z.T. schwierig und kann sich im Laufe der Zeit ändern.

b) Schutzrechtsentstehung und Schutzvoraussetzungen

Bezüglich der Schutzvoraussetzungen ist zwischen **3 Varianten** der Entstehung des Markenschutzes zu unterscheiden:

• durch die Eintragung als Marke beim DPMA (§ 4 I Nr. 1 MarkenG)
• durch Benutzung bei Marken mit Verkehrsgeltung (§ 4 I Nr. 2 MarkenG)
• durch notorische Bekanntheit (§ 4 I Nr. 3 MarkenG).

Die **Eintragungsfähigkeit** einer Marke setzt neben der abstrakten Markenfähigkeit nach § 3 MarkenG voraus, dass kein **absolutes Schutzhindernis** nach §§ 8, 10 MarkenG vorliegt:

• fehlende graphische Darstellbarkeit § 8 I MarkenG
  Voraussetzung ist somit die Möglichkeit einer zweidimensionalen Darstellung. Diese fehlt z.B. bei Geruchs- und Geschmacksmarken. Problematisch ist sie auch bei Tastmarken.[57]

---

[56] Eine Ausnahme stellt die Kollektivmarke nach §§ 97 ff. MarkenG dar.
[57] *BGH*, Beschluss vom 5. Oktober 2006 – I ZB 73/05.

- Marken ohne jegliche Unterscheidungskraft § 8 II Nr. 1 MarkenG
  z.B. einfache geometrische Formen, lediglich beschreibende Begriffe, lange
  Wortfolgen, Marke „Apple" für Äpfel (nicht aber für Computer)

- Bezeichnungen mit einem Freihaltebedürfnis § 8 II Nr. 2 MarkenG
  Darunter sind von der Allgemeinheit notwendigerweise zur Bezeichnung von
  Waren/Dienstleistungen benötigte Begriffe zu verstehen, z.b. Liter, Kilo-
  gramm, billig, preiswert, Milch, Bier, Lichtenstein[58] usw.

- übliche Bezeichnungen des allgemeinen Sprachgebrauchs § 8 II Nr. 3
  MarkenG
  Darunter fallen Bezeichnungen, die bestimmte Waren üblich sind sowie Gat-
  tungsbezeichnungen, z.b. Pils, Tempo für Papiertaschentücher.

- täuschende Bezeichnungen § 8 II Nr. 4 MarkenG
  Ausgeschlossen sind Marken, die eine offensichtliche Täuschung über Beschaffenheit oder Herkunft herbeiführen, z.b. Abbildung einer Kuh für Marga-
  rine, Hanseat Bier für ein bayrisches Bier.

- gegen die öffentliche Ordnung oder die guten Sitten verstoßende Marken § 8 II
  Nr. 5 MarkenG
  z.b. NS-Symbole, Likörmarke „Busengrapscher"[59], „Dalailama"[60].

- Hoheitszeichen, Prüfzeichen, Wappen u.ä. § 8 II Nr. 6-8 MarkenG

- Außermarkenrechtliche Benutzungsverbote § 8 II Nr. 9 MarkenG

- bösgläubig angemeldete Marken § 8 II Nr. 10 MarkenG
  Erfasst werden insbesondere Markenanmeldungen, die lediglich den Zweck
  haben, sich rechtsmissbräuchliche Vorteile zu verschaffen, etwa um die Marke
  für Berechtigte zu sperren[61] oder bei Spekulationsmarken.

- Identität oder Ähnlichkeit mit notorisch bekannten Marken § 10 MarkenG

Die absoluten Schutzhindernisse nach § 8 II Nr. 1 bis 3 MarkenG (aber nur diese!) gelten dann nicht, wenn sich die betreffende Marke zum Zeitpunkt der Entscheidung über die Eintragung durch Benutzung in den beteiligten Ver-
kehrskreisen bundesweit durchgesetzt hat. Als „Daumenregel" gilt ein Durch-
setzungsgrad ab 50% als Mindestmaß.

---

[58] *BGH*, Beschluss vom 17. Juli 2003 – I ZB 10/01.
[59] *BGH*, Urteil vom 18. Mai 1995 – I ZR 91/93.
[60] *BPatG*, Beschluss vom 25. Juni 2002 – 24 W (pat) 140/01.
[61] In diesem Fall liegt i.d.R. gleichzeitig Behinderungswettbewerb i.S.d. § 4 Nr. 10 UWG vor.

Beispiel:
Der Begriff „Post" ist zwar rein beschreibender Natur, aber aufgrund eines Durchsetzungsgrades von 85% eintragungsfähig.[62] Das „Sparkassen-Rot" (HKS 13) als Farbmarke ist trotz einer bei Farben im Allgemeinen fehlender Unterscheidungskraft aufgrund Verkehrsdurchsetzung nicht zu löschen.[63]

Markenschutz kann nach § 4 Nr. 2, 3 MarkenG nicht nur durch **Eintragung**, sondern auch durch **Benutzung** bei Verkehrsgeltung bzw. bei **notorischer Bekanntheit** entstehen.

Verkehrsgeltung liegt vor, wenn ein nicht unerheblicher Teil der angesprochenen Verkehrskreise die Marke kennt und als Hinweis auf den Inhaber auffasst. Dabei ist der Maßstab niedriger anzusetzen als bei der Verkehrsdurchsetzung i.S.d. § 8 III MarkenG. Zum einen kann schon ein Bekanntheitsgrad von 20% bis 30% ausreichen, zum anderen reicht eine regionale Bekanntheit aus, der Schutz beschränkt sich dann auf die Region.

Notorische Bekanntheit geht über die Verkehrsgeltung weit hinaus, i.d.R. wird von einem Bekanntheitsgrad von 70% ausgegangen. Eine Benutzung im Inland ist hingegen nicht erforderlich.

Beispiele:
Notorisch bekannte Marken sind z.B. Apple, Coca Cola, McDonald's, Mercedes.

Inhaber einer Marke können nach § 7 I MarkenG sein:

• Natürliche Personen
• Juristische Personen
• Rechtsfähige Personengesellschaften.

Voraussetzung einer Markeneintragung ist die **Anmeldung** der Marke beim DPMA oder einem autorisierten PIZ (§ 32 I MarkenG). Dafür ist das vorgeschriebene Formblatt zu verwenden. Die Anmeldung muss nach § 32 II MarkenG enthalten:

• die Identität des Anmelders
• eine Wiedergabe der Marke
• ein Verzeichnis der Waren oder Dienstleistungen, für welche die Eintragung beantragt wird.

---

[62] *BPatG*, Beschluss vom 28. Oktober 2010 – 26 W (pat) 29/06, bestätigt durch *BGH*, Beschluss vom 19. Oktober 2011 – I ZB 91/10.
[63] *BGH*, Beschluss vom 21. Juli 2016 – I ZB 52/15.

Für die Markenanmeldung für bis zu 3 Klassen wird eine Anmeldegebühr von 300 € erhoben. Die Einzelheiten der Anmeldung ergeben sich aus der Markenverordnung (§ 32 III MarkenG).

Das DPMA prüft die Anmeldung auf **formelle Mängel und absolute Schutzhindernisse** (§§ 36, 37 MarkenG), nicht aber auf relative Schutzhindernisse.

Werden absolute Schutzhindernisse festgestellt, wird die Anmeldung zurückgewiesen (§ 37 I MarkenG). Im Falle formaler Mängel wird eine Frist zur Beseitigung gesetzt (§ 36 II MarkenG). Werden die Mängel nicht fristgerecht beseitigt, gilt die Anmeldung als zurückgenommen. Liegen keine Mängel vor bzw. werden formelle Mängel fristgerecht beseitigt, erfolgt die Eintragung im **Markenregister** und die Veröffentlichung im **Markenblatt** (§ 41 MarkenG). Gegen den Beschluss kommt das Rechtsmittel der Beschwerde vor dem Bundespatentgericht in Betracht (§ 66 MarkenG). Gegen den Beschluss des Bundespatentgerichts ist die Rechtsbeschwerde zum BGH möglich, sofern sie vom Bundespatentgericht zugelassen wurde (§ 83 MarkenG).

Gegen die Eintragung einer Marke kann innerhalb von 3 Monaten ab Veröffentlichung **Widerspruch** beim DPMA eingelegt werden, wenn der Marke ein **relatives Schutzhindernis** entgegen steht (§ 42 MarkenG). Als relative Schutzhindernisse kommen nach § 42 II MarkenG in Betracht:

• Identität oder Ähnlichkeit mit angemeldeten oder eingetragenen älteren Marken § 9 MarkenG (Markenkollision)[64]
• Identität oder Ähnlichkeit mit notorisch bekannten Marken § 10 MarkenG
• Eintragung der Marke ohne Zustimmung des Inhabers § 11 MarkenG
• Identität oder Ähnlichkeit mit Benutzungsmarken älteren Zeitrangs § 12 MarkenG
• Kollision mit sonstigen älteren Rechten § 13 MarkenG.

Das DPMA entscheidet über den Löschungsantrag durch **Beschluss**. Der Unterlegene kann gegen den Beschluss **Beschwerde** (§ 66 MarkenG) vor dem Bundespatentgericht einlegen und gegen dessen Entscheidung ggf. **Rechtsbeschwerde** zum BGH (§ 83 MarkenG).

Zeitlich unbefristet kann eine Marke durch **Nichtigkeitsklage** vor dem Landgericht (§ 55 MarkenG) angegriffen werden, wenn ihr ein Recht mit älterem Zeitrang entgegensteht (§ 51 MarkenG).

---

[64] Zu den Einzelheiten vgl. unten zu § 14 MarkenG.

Die **Schutzdauer** einer eingetragenen Marke beträgt 10 Jahre und kann durch Zahlung einer Verlängerungsgebühr von 750 € beliebig oft um je 10 Jahre verlängert werden (§ 47 MarkenG).

Eine Marke wird auf Antrag wegen **Verfalls** gelöscht, wenn sie nach der Eintragung innerhalb eines ununterbrochenen Zeitraums von 5 Jahren nicht benutzt wurde (§ 49 MarkenG).

Der Schutz von geschäftlichen Bezeichnungen setzt die **tatsächliche Benutzung** im Geschäftsverkehr und **Unterscheidungskraft** voraus. Fehlende Unterscheidungskraft kann – wie bei Benutzungsmarken – durch Verkehrsgeltung überwunden werden. Bei Werktiteln kann der Schutz vorverlagert werden, wenn die Benutzung in branchenüblicher Weise angekündigt wird, insbesondere durch Anzeige im **Titelschutzanzeiger**.[65]

c) Rechtswirkung

Der Markeninhaber hat nach § 14 I MarkenG das ausschließliche Recht an der Marke. Dritten ist nach § 14 II MarkenG untersagt, im geschäftlichen Verkehr

• ein mit der Marke identisches Zeichen für identische Waren oder Dienstleistungen zu benutzen (**Identitätsschutz**)

• ein mit der Marke identisches oder ähnliches Zeichen für identische oder ähnliche Waren oder Dienstleistungen zu benutzen, wenn Verwechslungsgefahr besteht (**Verwechslungsschutz**)
Beispiel: Zwischen dem Zeichen „Kelly's" für Kartoffelchips, Kartoffelsticks, Mais-Weizen-Kartoffel-Soja-Snacks, Mais-Erdnusssnacks und gesalzene Erdnüsse sowie Popcorn besteht Verwechslungsgefahr mit der für „aus Getreide hergestellte Frühstücksspeisen" eingetragenen Marke „Kellogg's". Dem Zeichen „Kellogg's" kommt eine durch Benutzung erworbene, weit überdurchschnittliche Kennzeichnungskraft zu, Zeichen weisen in Struktur und Klang eine Vielzahl von Gemeinsamkeiten auf und es besteht Warenähnlichkeit.[66]

• ein mit einer im Inland bekannten Marke identisches oder ähnliches Zeichen für nicht ähnliche Waren oder Dienstleistungen zu benutzen, wenn die Wertschätzung in unlauterer Weise ausgenutzt oder beeinträchtigt wird (**Bekanntheitsschutz**).

---

[65] www.titelschutzanzeiger.de.
[66] *BGH*, Urteil vom 28. August 2003 – I ZR 293/00.

Beispiel: Ein Taxiunternehmen wirbt für seine Taxen mit der Rufnummer 4711. Der Kölnisch Wasser Hersteller, welcher Inhaber der Marke 4711 ist, hat einen Unterlassungsanspruch wegen Verwässerungsgefahr.[67]

Die Verbote des § 14 II MarkenG werden durch § 14 III MarkenG (unmittelbare Markenverletzung) und § 14 IV MarkenG (mittelbare Markenverletzung) konkretisiert.

Die Verbote des § 14 II MarkenG und die Löschungsansprüche nach § 9 I MarkenG werden als **Markenkollision** bezeichnet. Die drei relevanten Fallgruppen der Markenkollision sind an unterschiedliche Voraussetzungen geknüpft.

Markenkollision		
Identitäts- schutz	**Verwechslungs- schutz**	**Bekanntheits- schutz**
§ 9 I Nr. 1 MarkenG § 14 II Nr. 1 MarkenG	§ 9 I Nr. 2 MarkenG § 14 II Nr. 2 MarkenG	§ 9 I Nr. 3 MarkenG § 14 II Nr. 3 MarkenG
identisches Zeichen	identisches/ähnliches Zeichen	Bekannte Marke
+	+	+
identische Waren/Dienst- leistungen	identische/ähnliche Waren/Dienst- leistungen	Verwässerung oder Rufausbeutung oder Rufschädigung
	+	
	Verwechslungs- gefahr	

Wird eine Marke entgegen § 14 II, III, IV MarkenG benutzt, kann der Inhaber nach § 14 V MarkenG **Unterlassung** sowie bei Verschulden nach § 14 VI MarkenG **Schadensersatz** verlangen.[68]

Weiterhin können nach §§ 18 ff. MarkenG u.a. Vernichtungs- und Auskunftsansprüche geltend gemacht werden. Eine Markenrechtsverletzung ist nach § 143 MarkenG strafbewehrt.

---

[67] *BGH*, Urteil vom 22. März 1990 – I ZR 43/88.
[68] Es gelten die oben zum Patentrecht dargestellten Grundsätze.

Wie andere Immaterialgüter kann auch eine Marke **vererbt** und rechtsgeschäftlich **übertragen** werden (§ 27 I MarkenG). Es kommt sowohl eine unbeschränkte Übertragung per Veräußerung oder die Einräumung einer einfachen oder ausschließlichen **Lizenz** nach § 30 MarkenG in Betracht. Die rechtsgeschäftliche Übertragung einer eingetragenen Marke kann im Markenregister auf Antrag eingetragen werden (§ 28 II MarkenG).

Der Inhaber einer geschäftlichen Bezeichnung hat nach § 15 I MarkenG das ausschließliche Recht an der geschäftlichen Bezeichnung. Dritten ist nach § 15 II MarkenG untersagt, die geschäftliche Bezeichnung im geschäftlichen Verkehr unbefugt zu benutzen, wenn Verwechslungsgefahr droht. Weitergehend ist der Schutz bei bekannten geschäftlichen Bezeichnungen. Die Benutzung ist dann auch ohne Verwechslungsgefahr untersagt, wenn die Wertschätzung in unlauterer Weise ausgenutzt oder beeinträchtigt wird (§ 15 III MarkenG).

Wird eine geschäftliche Bezeichnung entgegen § 15 II, III MarkenG benutzt, kann der Inhaber nach § 15 IV MarkenG **Unterlassung** sowie bei Verschulden nach § 15 V MarkenG **Schadensersatz** verlangen.[69]

Geografische Herkunftsangaben dürfen nach § 127 I MarkenG nicht für Waren oder Dienstleistungen benutzt werden, wenn diese nicht aus dem Herkunftsgebiet stammen, sofern die Gefahr einer **Irreführung** besteht. Weitergehend ist der Schutz nach § 127 II MarkenG. Haben die durch die Herkunftsangabe bezeichneten Produkte besondere Eigenschaften oder Qualitäten, darf die Angabe nur bei **entsprechender Herkunft und entsprechenden Eigenschaften bzw. Qualitäten** verwendet werden.

Genießt eine geografische Herkunft einen besonderen Ruf, ist die Angabe bei anderer Herkunft selbst bei ausgeschlossener Irreführung unzulässig, wenn die Wertschätzung der Herkunftsangabe **in unlauterer Weise** ausgenutzt oder beeinträchtigt wird (§ 127 III MarkenG).

Beispiel:
Champagner[70]

Die Regelungen der Absätze 1 bis 3 gelten nach § 127 IV MarkenG entsprechend, wenn Herkunftsangaben mit Modifizierungen oder Zusätzen verwendet werden.

Wird eine geografische Herkunftsangabe entgegen § 127 MarkenG benutzt, kann von den Anspruchsberechtigten nach § 128 I MarkenG **Unterlassung** verlangt werden.

---

[69] Dabei gelten die oben im Patentrecht dargestellten Grudsätze.
[70] *BGH*, Urteil vom 4. Juni 1987 – I ZR 109/85.

Anspruchsberechtigt sind kraft des Verweises auf § 8 III UWG Mitbewerber, rechtsfähige Verbände zur Förderung gewerblicher Interessen, qualifizierte Verbraucherschutzverbände nach § 4 UKlaG sowie IHK und HwK.

Bei Verschulden kann der berechtigte Nutzer nach § 128 II MarkenG **Schadensersatz** verlangen.

6. Sonstige Schutzrechte
a) Sortenschutz

Neu gezüchtete oder entdeckte Pflanzensorten können nach Maßgabe des Sortenschutzgesetzes (SortSchG) geschützt werden.

Nach § 1 I SortSchG sind Pflanzensorten schutzfähig, wenn sie
• unterscheidbar,
• homogen,
• beständig,
• neu und
• durch eine eintragbare Sortenbezeichnung bezeichnet sind.

Der Sortenschutz entsteht auf **Antrag** (§ 22 SortSchG) beim Bundessortenamt nach Prüfung der Schutzvoraussetzungen (§ 26 SortSchG). Das Recht auf den Sortenschutz steht dem Züchter oder Entdecker zu (§ 8 I SortSchG), wobei der Anmelder als berechtigt gilt (§ 8 II SortSchG).

Besteht Sortenschutz, so ist der Inhaber ausschließlich berechtigt, **Vermehrungsmaterial** der Sorte zu gewerblichen Zwecken zu erzeugen oder in den Verkehr zu bringen (§ 10 SortSchG). Die Schutzdauer beträgt 25 Jahre, für Hopfen, Kartoffel, Rebe und Baumarten 30 Jahre (§ 13 SortSchG).

b) Halbleiterschutz

Die Topographie oder das Layout von Halbleiterbausteinen können nach dem Halbleiterschutzgesetz (HalblSchG) geschützt werden.

Schutzgegenstand ist die konkrete **dreidimensionale Struktur**, soweit sie Eigenart aufweist (§ 1 I HalblSchG), nicht erfasst werden die zugrundeliegenden Verfahren, Systeme, Techniken oder gespeicherte Informationen (§ 1 IV HalblSchG).

Die Schutzentstehung erfordert die **Anmeldung** beim DPMA (§ 3 HalblSchG), es gelten bezüglich des Verfahrens sinngemäß die Vorschriften zum Gebrauchsmuster (§ 4 II HalblSchG). Der Schutz kann bei vorhergehender geschäftlicher Verwertung rückwirkend entstehen, wenn die Anmeldung spätestens binnen zwei Jahren danach erfolgt (§ 5 I HalblSchG). Das Recht auf den Schutz der Topographie steht demjenigen zu, der sie erschaffen hat (§ 2 I HalblSchG), wobei der Anmelder als berechtigt gilt (§ 4 I HalblSchG). Im Halbleiterschutzrecht gilt das ArbnErfG nicht. Erstellt ein Arbeitnehmer eine Topographie im Rahmen seiner Arbeitsaufgaben, steht das Recht dem Arbeitgeber zu (§ 2 II HalblSchG).

Der Halbleiterschutz bewirkt, dass der Rechtsinhaber ausschließlich zur Verwertung befugt ist (§ 6 I HalblSchG). Die Schutzdauer beträgt 10 Jahre (§ 5 II HalblSchG).

7. Europäischer und internationaler gewerblicher Rechtsschutz

Im Bereich des Immaterialgüterrechts gilt das **Territorialprinzip**. Das bedeutet, dass ein nationales Schutzrecht in dem Staat wirksam ist, in dem es erteilt wurde. Dieser Umstand ist zumindest in den Fällen unmittelbar einsichtig, in denen das Schutzrecht per Verwaltungsakt einer Behörde entsteht, wie z.B. beim Patent. Das Territorialprinzip gilt aber auch bei formlos entstehenden Schutzrechten, z.B. der Benutzungsmarke, da jede nationale Rechtsordnung auf das eigene Land beschränkt ist. Damit ist die Umgehung eines nationalen Schutzrechts im Ausland prinzipiell möglich. Allerdings bedeutet das nicht, dass nationale Schutzrechte völlig ohne Auslandswirkung bleiben. So führt z.B. der absolute Neuheitsbegriff im Patentrecht dazu, dass eine nationale Patentierung auch im Ausland neuheitsschädlich wirkt.

Auf Grund zunehmender internationaler Verflechtungen der Märkte, vor allem aufgrund des europäischen Binnenmarktes besteht daher der Bedarf nach grenzüberschreitenden gewerblichen Schutzrechten. Dafür bedarf es völkerrechtlicher Verträge bzw. Rechtsakte der EU.

Im Bereich des europäischen gewerblichen Rechtsschutzes gibt es unterschiedliche Regelungen für die verschiedenen Schutzrechte.

Nach dem **Europäischen Patentübereinkommen** (EPÜ) kann durch Patentanmeldung beim Europäischen Patentamt ein Europäisches Patent erlangt werden, welches dieselbe Schutzwirkung wie ein nationales Patent des jeweiligen Staates hat. Das EPÜ ist kein Rechtsakt der EU, sondern ein völkerrechtlicher Vertrag, dem nur europäische Staaten beitreten können. Zu den Mitgliedsstaaten gehören daher nicht nur EU-Staaten, sondern z.B. auch die Schweiz.

Der Begriff Europäisches Patent ist allerdings missverständlich, da es sich um ein „**Bündelpatent**" handelt. Durch Patentanmeldung beim Europäischen Patentamt erfolgt über ein einheitliches Patenterteilungsverfahren die Erteilung von mehreren nationalen Patenten. Diese unterliegen dann im jeweiligen Land dem nationalen Recht.

Zukünftig wird es möglich sein, beim Europäischen Patentamt ein **Europäisches Patent mit einheitlicher Wirkung** zu beantragen. Basis hierfür ist die **Europäische Patentverordnung**[71] (EPatVO), welche aber erst gilt, wenn das Übereinkommen über ein Einheitliches Patentgericht in kraft tritt. Dies setzt die Ratifizierung durch 13 Vertragsstaaten, darunter zwingend Deutschland, Frankreich und Großbritannien, voraus.

Für Gebrauchsmuster ist keine europäische Anmeldung möglich, zumal es nicht in allen europäischen Staaten Gebrauchsmuster gibt.

Für Geschmacksmuster (Designs) gilt die **Gemeinschaftsgeschmacksmusterverordnung**[72] (GemGeschmMVO). Nach der GemGeschmMVO kann durch Anmeldung des Musters beim Harmonisierungsamt für den Binnenmarkt ein europäisches Geschmacksmuster registriert werden, welches dann Schutz in allen Mitgliedsstaaten gewährt. Die GemGeschmMVO beinhaltet eine wichtige Besonderheit gegenüber dem nationalen Recht. Während das deutsche eingetragene Design ein reines Registerrecht ist, gibt es im Gemeinschaftsrecht auch das nicht eingetragene Geschmacksmuster. Der – gegenüber dem eingetragenen Schutzrecht eingeschränkte – Schutz entsteht durch bloße Offenbarung gegenüber der Öffentlichkeit.

Für Marken gibt es ebenfalls eine europäische Verordnung – die **Gemeinschaftsmarkenverordnung**[73] (GMVO) – welche eine einheitliche Gemeinschaftsmarke ermöglicht. Nach der GMVO kann durch Eintragung der Marke beim Harmonisierungsamt für den Binnenmarkt Markenschutz im Gebiet der EU erlangt werden. Die Gemeinschaftsmarke erstreckt sich auf alle 28 EU-Mitgliedsstaaten.

---

[71] Verordnung (EU) Nr. 1257/2012.
[72] Verordnung (EG) Nr. 6/2002.
[73] Verordnung (EG) Nr. 207/2009.

Auch für geographische Herkunftsangaben kommt ein gemeinschaftsweiter Schutz in Betracht. Die Verordnung zum Schutz von geographischen Angaben und Ursprungsbezeichnungen für Agrarerzeugnisse und Lebensmittel[74] ermöglicht die Eintragung in ein von der Kommission geführtes Register. Die Eintragung wird veröffentlicht und begründet damit einen Schutz auf Gemeinschaftsebene.

Die **Pariser Verbandsübereinkunft zum Schutz des gewerblichen Eigentums** (**PVÜ**) ist einer der ersten internationalen Verträge auf dem Gebiet des gewerblichen Rechtsschutzes. Die PVÜ schafft kein einheitliches Recht, dass in den Verbandsstaaten Angehörige der Mitgliedsstaaten den gleichen Schutz genießen, wie Inländer. Wichtig ist vor allem die Prioritätsregelung der PVÜ. Wird ein technisches Schutzrecht in einem Mitgliedstaat angemeldet, so kann es innerhalb einer Prioritätsfrist von einem Jahr in jedem anderen Mitgliedstaat unter Inanspruchnahme der Priorität der Erstanmeldung angemeldet werden. Für Marken und Geschmacksmuster gilt eine Prioritätsfrist von 6 Monaten.

Eine internationale **Patent**anmeldung kommt nach dem **Vertrag über die internationale Zusammenarbeit auf dem Gebiet des Patentwesens** (PCT) in Betracht. Durch eine Anmeldung beim nationalen Patentamt kann hiernach Patentschutz in allen PCT – Mitgliedstaaten erreicht werden. Möglich sind danach internationale Anmeldungen unter Angabe, für welche Staaten sie gelten soll.

Für Gebrauchsmuster ist keine internationale Anmeldung möglich.

Neben dem nationalen und dem europäischen kann auch **internationaler Geschmacksmusterschutz** auf Basis des **Haager Musterabkommen**s erlangt werden. Bei der World Intellectual Property Organization (WIPO) kann ein Muster angemeldet werden, welches in allen Mitgliedsstaaten des Haager Musterabkommens Schutz nach dem jeweiligen nationalen Recht gewährt.

Internationaler **Markenschutz** (IR-Marke) kann durch Registrierung bei der WIPO nach dem **Madrider Abkommen über die internationale Registrierung von Marken** erreicht werden. Dieser erstreckt sich auf beliebig viele Mitgliedsstaaten, in denen dann Markenschutz nach dem jeweiligen nationalen Recht besteht.

---

[74] Verordnung (EU) Nr. 1151/2012.

III. Urheberrecht

Das Urheberrecht ist ein Teilgebiet des privaten Rechts, welches die wirtschaftliche Existenz der geistig Tätigen sichern soll.

Geschützt werden durch das Urheberrecht künstlerische und wissenschaftliche Leistungen, die eine gewisse Originalität ausdrücken. Schutzgegenstand ist dabei die konkrete Ausdrucksform der Darstellung, insbesondere gegen unerwünschte Vervielfältigung und Verbreitung, nicht aber die dahinterstehende Idee. Ein Schutz der Idee als solche bleibt den gewerblichen Schutzrechten vorbehalten.

Beispiel:
Der Kernphysiker Dr. Stefan T. hat nach jahrelanger intensiver Forschung eine einfache und sichere Möglichkeit entdeckt, die Kernfusion zur Energieerzeugung zu nutzen. Er verfasst einen ausführlichen Artikel, in dem diese Möglichkeit, einschließlich Fragen der Konstruktion eines entsprechenden Reaktors, dargestellt wird. Dieser Artikel wird in einer Fachzeitschrift abgedruckt. Bereits kurze Zeit später bieten mehrere Hersteller handliche Fusionsreaktoren an, die alle nach den von Dr. T. entdeckten Funktions- und Konstruktionsprinzipien hergestellt sind.
Dr. T. kann in diesem Fall keine Rechte gegenüber den Herstellern geltend machen. Das Urheberrecht schützt zwar seinen Artikel vor Vervielfältigung, nicht jedoch die Ausnutzung der von ihm entdeckten und veröffentlichen Methoden. Hierfür könnte er ausschließlich nach dem Patent- oder dem Gebrauchsmustergesetz Schutz erlangen.

Voraussetzung für die Anwendung des Urheberrechtsschutzes ist der Werkbegriff. Werke sind **persönliche geistige Schöpfungen** (§ 2 II UrhG), die eine gewisse **Gestaltungshöhe** erreichen und in **wahrnehmbarer Form** konkretisiert sind. Werden die Anforderung an die Werkqualität nicht erreicht, so kommen Leistungsschutzrechte mit eingeschränktem Schutzumfang, insbesondere kürzeren Schutzfristen, in Betracht.

Beispiel:
Telefonbücher sind i.d.R. kein schutzfähiges Werk i.S.d. Urheberrechts. Zwar handelt es sich um Sprachwerke nach § 2 I Nr. 1 UrhG, nicht jedoch um persönliche geistige Schöpfungen nach § 2 II UrhG. Auch ein Schutz als Sammelwerk i. S. von § 4 UrhG kommt nicht in Betracht, da es an der erforderlichen Gestaltungshöhe fehlt.[75]

---

[75] *BGH*, Urteil vom 6. Mai 1999 – I ZR 199/96.

Zu den geschützten Werken gehören (§§ 2, 3, 4 UrhG):

• Sprachwerke, wie Schriftwerke, Reden und Computerprogramme
• Werke der Musik
• pantomimische Werke einschließlich der Werke der Tanzkunst
• Werke der bildenden Künste einschließlich der Werke der Baukunst und der angewandten Kunst
• Lichtbildwerke
• Filmwerke
• Darstellungen wissenschaftlicher oder technischer Art, wie Zeichnungen, Pläne, Karten, Skizzen, Tabellen und plastische Darstellungen
• Bearbeitungen, insbesondere Übersetzungen
• Sammelwerke und Datenbankwerke.

Als **Urheber** i.S. des Urheberrechts gilt der Schöpfer des Werkes (§ 7 UrhG). Das Urheberrecht entsteht also, wenn Werkqualität vorliegt, automatisch. Es ist dazu kein Registereintrag (wie z.b. nach dem Patent- oder Markenrecht) erforderlich. Eine Kennzeichnung als urheberrechtlich geschütztes Werk (z.b. mit dem Copyright-Zeichen ©) ist im Geltungsbereich des Revidierten Berner Übereinkommens (RBÜ) nicht erforderlich, aber auch nicht schädlich.

Urheberrechte sind **höchstpersönliche Rechte**, die vererbbar, aber ansonsten nicht vom Urheber trennbar sind.

Die **Schutzdauer** des Urheberrechts beträgt maximal 70 Jahre nach dem Tod des Urhebers (§ 64 UrhG), bei Leistungsschutzrechten abgestuft 50 Jahre (z.B. Lichtbilder § 72 III UrhG), 25 Jahre (z.B. wissenschaftliche Ausgaben § 70 III UrhG) bzw. 15 Jahre (Datenbanken § 87d UrhG).

Die Rechte des Urhebers lassen sich in Urheberrechtpersönlichkeitsrechte (§§ 12 ff. UrhG) und Verwertungsrechte (§§ 15 ff. UrhG) unterscheiden.

Die **Urheberpersönlichkeitsrechte** sind:

• das (Erst-)Veröffentlichungsrecht
• das Recht auf Anerkennung der Urheberschaft
• der Schutz vor Entstellung.

Bei den **Verwertungsrechten** ist zwischen der Verwertung in körperlicher Form und der Verwertung in unkörperlicher Form zu unterscheiden.

Zur Verwertung in körperlicher Form gehören vor allem:

• Vervielfältigung
• Verbreitung
• Ausstellung
• Bearbeitung.

Die Verwertung in unkörperlicher Form umfasst die öffentliche Wiedergabe insbesondere durch:

• Vortrag, Aufführung, Vorführung
• Sendung
• Wiedergabe durch Bild- und Tonträger
• Wiedergabe von Funksendungen.

Die Urheberpersönlichkeitsrechte sind unübertragbar durch Rechtsgeschäft, aber vererbbar (§§ 28, 29 UrhG). Die wirtschaftliche Verwertung kann Dritten durch Einräumung eines **Nutzungsrechts** eingeräumt werden (§ 31 UrhG).

Der Inhaber eines einfachen Nutzungsrechts kann das Werk auf die vertraglich eingeräumte Art nutzen. Ein ausschließliches Nutzungsrecht berechtigt zur ausschließlichen Nutzung des Werkes, einschließlich der Einräumung eines einfachen Nutzungsrechts.

Den Urhebern bleibt es grundsätzlich vorbehalten, ihre Verwertungsrechte selbst wahrzunehmen. Allerdings stößt dies z.B. bei Musik auf sachliche Grenzen. Aus diesem Grunde wurden staatliche **Verwertungsgesellschaften** geschaffen, die den Urhebern ein angemessenes Entgelt sichern sollen.

Die Urheber können Verwertungsrechte an die Verwertungsgesellschaften (z.B. die GEMA) als Treuhänder im Rahmen eines Wahrnehmungsvertrags übertragen. Die Einzelheiten regelt das Urheberrechtswahrnehmungsgesetz (UrhWG). Die Verwertungsgesellschaften vergeben dann einfache Nutzungsrechte gegen Entgelt. Die Einnahmen werden dann nach einem vorab festgelegten Schlüssel verteilt.

Wichtige Verwertungsgesellschaften sind:

• die GEMA (Gesellschaft für musikalische Aufführungs- und mechanische Vervielfältigungsrechte)
• die VG Wort
• die VG Bild-Kunst.

Der Gesetzgeber hat nicht zuletzt wegen der Presse-, Informations- und Meinungsfreiheit (Art. 5 GG) Schranken des Urheberrechts festgelegt. Solche Grenzen sind z.b.:

- die Zulässigkeit der Vervielfältigung und Verbreitung von Zeitungsartikeln über Tagesfragen (§ 49 UrhG)
- die Zitierfreiheit (§ 51 UrhG)
- das Recht der unentgeltlichen öffentlichen Wiedergabe ohne Erwerbszweck (§ 52 UrhG)
- die Zulässigkeit der Vervielfältigung zum eigenen privaten Gebrauch (§ 53 UrhG, aber: keine Umgehung eines Kopierschutzes, § 95a UrhG).

Beispiel:
Max kauft sich die neue CD des Interpreten Moritz. Sofern diese nicht kopiergeschützt i.S.d. § 95a UrhG ist, darf er sich eine Kopie, z.B. für sein Autoradio, erstellen.

Um in den Fällen der Schranken des Urheberrechts gleichwohl die Rechte der Urheber zu sichern, hat der Gesetzgeber einen Vergütungsanspruch vorgesehen §§ 54 ff. UrhG). Dieser wird durch die Verwertungsgesellschaften in Form von Gebühren oder Geräte- und Leerkassettenabgaben geltend gemacht.

Verstöße gegen das UrhG können zu Unterlassungs- und Schadensersatzansprüchen, u.U. auch zur Strafbarkeit führen (§§ 97 ff. UrhG).

IV. Gesetz gegen den unlauteren Wettbewerb
1. Die Grundregelungen des UWG

Ziele des UWG sind gemäß § 1 UWG der Schutz

- der Mitbewerber,
- der Verbraucher und
- der sonstigen Marktteilnehmer

vor unlauteren geschäftlichen Handlungen sowie die Sicherung unverfälschten Wettbewerbs im Interesse der Allgemeinheit.

Bei der Frage, ob gegen diese Zielstellungen verstoßen wird, ist somit stets zuerst zu prüfen, ob das UWG einschlägig ist. Das ist nur der Fall, wenn eine **geschäftliche Handlung** (§ 2 I Nr. 1 UWG) vorliegt.

Eine geschäftliche Handlung ist nach § 2 I Nr. 1 UWG jedes Verhalten zugunsten eines Unternehmens bei oder nach einem Geschäftsabschluss im Zusammenhang mit der Förderung des Absatzes oder Bezugs von Waren oder der Erbringung oder dem Bezug von Dienstleistungen.

Zur Abgrenzung: Keine geschäftliche Handlung ist rein privates oder öffentlichrechtliches Handeln. Auch Äußerungen der Presse, der Wissenschaft oder z.B. von Idealvereinen stellen normalerweise keine geschäftliche Handlung dar.

Beispiele:
Auf die Mitgliederwerbung von konkurrierenden Gewerkschaften sind die Vorschriften des UWG nicht anwendbar, da es sich nicht um eine geschäftliche Handlung handelt.[76] Sie bezweckt nicht den Absatz oder den Bezug von Waren oder Dienstleistungen i.S.d. § 2 I Nr. 1 UWG.
Die Veröffentlichung einer Artikelserie „Die 500 besten Ärzte"[77] oder „Die 500 besten Rechtsanwälte"[78] dient der Förderung fremden Wettbewerbs und ist wettbewerbswidrig nach § 1 UWG a.F. (neu: § 3 UWG), da sich ein solches Übermaß an Werbung für die genannten und gegen die nicht genannten Personen richtet und durch das Presseprivileg (Art. 5 I GG) nicht gerechtfertigt ist.

In § 2 I UWG werden weitere **Grundbegriffe** definiert, u.a. die Begriffe Marktteilnehmer und Mitbewerber. Marktteilnehmer sind Anbieter oder Nachfrager von Waren oder Dienstleistungen, die nicht Mitbewerber oder Verbraucher sind. Mitbewerber sind Unternehmer, die mit anderen Unternehmern in einem konkreten Wettbewerbsverhältnis stehen.

---

[76] *BAG*, Urteil vom 31. Mai 2005 – 1 AZR 141/04.
[77] *BGH*, Urteil vom 30. April 1997 – I ZR 196/94.
[78] *BGH*, Urteil vom 30. April 1997 – I ZR 154/95.

Bezüglich des Begriffs Verbraucher wird auf § 13 BGB verwiesen (§ 2 II UWG). Hiernach ist ein Verbraucher jede natürliche Person, die ein Rechtsgeschäft tätigt, welches überwiegend nicht zu deren gewerblichen oder selbständigen beruflichen Tätigkeit gehört.

Die Grundaussage des UWG wird in der **Generalklausel** des § 3 I UWG getroffen: *„Unlautere geschäftliche Handlungen sind unzulässig."*

Voraussetzungen der Unzulässigkeit einer Handlung nach § 3 UWG sind somit:

• das Vorliegen einer **geschäftlichen Handlung** (§ 2 I Nr. 1 UWG) und
• deren **Unlauterbarkeit**.

Wann eine geschäftliche Handlung unlauter und damit unzulässig ist, wird in den §§ 3 II, 3 III, 3 IV 3a, 4, 4a, 5, 5a und 6 UWG konkretisiert, ohne dass diese Regelungen eine absolut abschließende Auflistung enthalten. Unzulässig ist zudem nach § 7 UWG eine geschäftliche Handlung, welche Marktteilnehmer unzumutbar belästigt.

Während § 3 II bis IV UWG speziell den Schutz von Verbrauchern bezweckt, schützen die §§ 3a bis 7 UWG auch sonstige Marktteilnehmer und Mitbewerber.

2. Gegenüber Verbrauchern unzulässige Handlungen

Geschäftliche Handlungen, die sich an Verbraucher richten, sind nach § 3 II UWG unlauter, wenn sie **nicht der unternehmerischen Sorgfalt** (§ 2 I Nr. 7 UWG) entsprechen **und** das wirtschaftliche Verhalten der **Verbraucher wesentlich beeinflussen**. Dabei ist grundsätzlich auf den durchschnittlichen Verbraucher abzustellen.

Richtet sich die geschäftliche Handlung an eine bestimmte Verbrauchergruppe, die z.B. auf Grund von Beeinträchtigungen, ihres Alters oder ihrer Leichtgläubigkeit besonders schutzbedürftig ist, ist auf das durchschnittliche Gruppenmitglied abzustellen (§ 3 IV UWG).

Die Regelung des § 3 II UWG stellt eine **Generalklausel** dar, welche durch die §§ 3 III, 3a ff. UWG konkretisiert wird.

Nach § 3 III UWG sind gegenüber Verbrauchern die in der Anlage zu § 3 III UWG („schwarze Liste") enthaltenen geschäftlichen Handlungen stets unzulässig.[79] Dazu zählen insbesondere:

---

[79] Der Anhang zum UWG dient der Umsetzung der Richtlinie 2005/29/EG vom 11. Mai 2005.

- unwahre Angaben bezüglich eines Verhaltenskodex Nr. 1, 3
- Verwendung von Gütezeichen u.ä. ohne erforderliche Genehmigung Nr. 2
- Lockangebote Nr. 5
- unwahre Angaben zur begrenzten Verfügbarkeit von Waren/Dienstleistungen bzw. zur Geschäftsaufgabe Nr. 7, 15
- unwahre Angaben zur Verkehrsfähigkeit Nr. 9
- unwahre Angaben die den Anschein erwecken, gesetzliche Rechte stellen eine Besonderheit des Angebotes dar Nr. 10
- als Information getarnte Werbung Nr. 11
- Schneeball- oder Pyramidensysteme Nr. 14
- unwahre Angaben in Bezug auf Preise oder Preisausschreiben Nr. 17, 20
- unwahre Angaben zur Heilwirkung Nr. 18
- unzutreffende Angebote als gratis, umsonst o.ä. Nr. 21
- Täuschung in Bezug auf eine nicht bestehende Zahlungspflicht Nr. 22, 29
- Täuschung über die Unternehmereigenschaft Nr. 23
- Erweckung des Eindrucks, der Verbraucher könne Räumlichkeiten vor Vertragsabschluss nicht verlassen Nr. 25
- Nichtverlassen einer Wohnung auf Verlangen Nr. 26
- unmittelbare Aufforderung an Kinder in der Werbung, bestimmte Waren oder Dienstleistungen zu erwerben oder Eltern dazu zu veranlassen Nr. 28.

3. Rechtsbruch

Nach § 3a UWG ist ein **Verstoß gegen eine Rechtsvorschrift**, die das Marktverhalten regelt unlauter, wenn sie die Interessen der Verbraucher, Mitbewerber oder sonstigen Marktteilnehmer **spürbar beeinträchtigen kann.** Hierunter fallen Verstöße gegen Gesetze/Verordnungen unter wettbewerbsrechtlichen Aspekten, wie z.B. EinhZeitG (MeßEinhG a.F.), PAngV, EichG, HWG, TMG usw.

Beispiele:
Die Werbung mit der Leistungseinheit „PS" ist zumindest dann irreführend nach § 1 UWG (a.F.) i.v.m. § 1 MeßEinhG (a.F.), wenn nicht zugleich die gesetzliche Einheit „kW" angegeben wird und damit ein ungerechtfertigter Vorsprung gegenüber Mitbewerbern angestrebt wird.[80]
Demgegenüber ist die Angabe der Größe von Autofelgen in Zoll nicht unlauter, wenn der Verstoß (gegen § 1 MeßEinhG a.F.) im Zeitpunkt der angegriffenen Werbung einer ausnahmslos gebräuchlichen und von allen Marktbeteiligten akzeptierten Übung entspricht.[81]

---

[80] *BGH*, Urteil vom 04. März 1993 – I ZR 15/91.
[81] *BGH*, Beschluss vom 23. Februar 1995 – I ZR 36/94.

Ein Verstoß gegen die Impressumpflicht nach § 2 Nr. 1 TMG ist unlauter i.S.d. § 4 Nr. 11 UWG a.F.[82] Wer im geschäftlichen Verkehr zu Wettbewerbszwecken im Internet, in Zeitschriften, Rundschreiben, Geschäftsbogen oder sonstigen Publikationen und Presseerzeugnissen umfassende Steuerrechtshilfe anbietet durch Formulierungen wie Finanz- und Lohnbuchhaltung, verstößt gegen § 5 StBerG. Diese Norm stellt eine Marktverhaltensregelung zum Schutze der Verbraucher und der sonstigen Marktteilnehmer dar.[83]

4. Mitbewerberschutz

Unlauter sind nach § 4 UWG den Mitwettbewerber beeinträchtigende Wettbewerbshandlungen. Die wichtigsten Fallgruppen sind im § 4 Nr. 1 bis 4 UWG[84] geregelt:

• Herabsetzung bzw. Verunglimpfung des Mitwettbewerbers oder dessen Waren, Kennzeichen usw. § 4 Nr. 1 UWG

Beispiel:
Wird ein Konkurrent in einem Internet-Ratgeber unter die „Schwarzen Schafe" in der betreffenden Branche eingereiht, liegt darin eine Verringerung der Wertschätzung des Konkurrenten in den Augen der von diesem erreichten Marktpartner vor, dies verstößt gegen § 4 Nr. 7 UWG a.F.[85]

• Behauptung oder Verbreitung geschäftsschädigender Tatsachen, die nicht nachweislich wahr sind § 4 Nr. 2 UWG

Beispiel:
Die Nennung eines Unternehmens, an dessen Bonität keine Zweifel bestehen, in einer Liste, welche über Unternehmen von zweifelhafter Bonität unterrichten soll, ist die Behauptung einer unwahren Tatsache, welche geeignet ist, den Betrieb und den Kredit des Unternehmens zu schädigen.[86]

• Nachahmung fremder Produkte oder Leistungen, wenn eine Täuschung über Herkunft oder Art der Ware oder eine Beeinträchtigung der Wertschätzung der nachgeahmten Ware oder eine unredliche Erlangung der erforderlichen Kenntnisse vorliegt § 4 Nr. 3 UWG

---

[82] *BGH*, Urteil vom 20. Juli 2006 – I ZR 228/03.
[83] *LG Münster*, Urteil vom 1. Dezember 2011 – 024 O 55/11.
[84] Entspricht § 4 Nr. 7 bis 10 UWG a.F.
[85] *OLG Hamm*, Urteil vom 28. Januar 2010 – 4 U 157/09.
[86] *BGH*, Urteil vom 23. Februar 1995 – I ZR 75/93.

Beispiel:
Angebot einer billigen Uhr durch einen Kaffeeröster nach Art und Aufmachung als „Tschibo-Rolex-Uhr".[87]

• gezielte Behinderung des Mitwettbewerbers § 4 Nr. 4 UWG

Beispiele:
Ein Telekommunikationsnetzbetreiber, der entgegen dem ausdrücklichen und eindeutigen Auftrag des Kunden, die bisherige Preselection-Voreinstellung wiederherzustellen nicht entspricht und statt dessen die Einstellung so vornimmt, dass alle Telefongespräche über ihn geführt wird, behindert den Mitbewerber gezielt.[88]
Die an Uhrenfachhändler gerichtete Aufforderung in einem Brancheninformationsdienst, den Kundenservice an Uhren zu verweigern, die „Kaffee-Röster" verkauft haben, ist ein Boykottaufruf, der Mitbewerber gezielt behindert.[89]

5. Aggressive und irreführende Handlungen

Aggressive geschäftliche Handlungen, die Verbraucher oder sonstige Marktteilnehmer zu geschäftlichen Handlungen veranlassen, sind nach § 4a I UWG unlauter, wenn sie die **Entscheidungsfreiheit erheblich beeinträchtigen.** Dazu zählen insbesondere

• Belästigung
• Nötigung und
• unzulässige Beeinflussung.

Beispiele:
Angebote zum Vertragsschluss in besonderen Situationen, z.B. von Unfallgeschädigten am Unfallort sind wettbewerbswidrig.[90]
Der BGH[91] war der Ansicht, dass ein Unternehmen, das in Werbeanzeigen mit der Abbildung eines menschlichen Körperteils mit dem Stempelaufdruck „H.I.V. POSITIVE" auf seinen Namen aufmerksam macht, eine sittenwidrige Image-Werbung betreibt, das BVerfG[92] hat jedoch entschieden, dass diese Werbung durch den Schutzbereich der Pressefreiheit (Art. 5 I GG) erfasst sei.

---

[87] *BGH*, Urteil vom 08. November 1984 – I ZR 128/82.
[88] *BGH*, Urteil vom 05. Februar 2009 – I ZR 119/06.
[89] *BGH*, Urteil vom 02. Februar 1984 – I ZR 4/82.
[90] *BGH*, Urteil vom 08. Juli 1999 – I ZR 118/97.
[91] *BGH*, Urteile vom 06. Juli 1995 – I ZR 180/94 und vom 06. Dezember 2001 – I ZR 284/00.
[92] *BVerfG*, Urteil vom 12. Dezember 2000 – 1 BvR 1762/95 und Beschluss vom 11. März 2003 – 1 BvR 426/02.

Richtet ein Automobilhändler an Käufer der von ihm vertriebenen Fahrzeuge brieflich die Aufforderung, ihm Adressen anderer potentieller Kaufinteressenten mitzuteilen, und verbindet er diese Aufforderung mit dem Versprechen, die Mitteilung den eventuellen Interessenten bei der beabsichtigten Zusendung von Werbeschreiben und -prospekten zu verschweigen und dem Informanten im Falle des Zustandekommens eines Kaufvertrags eine Geldprämie von 100 DM zu zahlen, so ist dies wegen der damit angestrebten Laienwerbung in verdeckter Form wettbewerbsrechtlich bedenklich.[93]

Zu berücksichtigen sind nach § 4a II UWG u.a. geistige oder körperliche Beeinträchtigungen, Alter und geschäftliche Unerfahrenheit, Leichtgläubigkeit, Angst oder Zwangslagen von Verbrauchern.

Beispiel:
Eine Werbeanzeige für Handy-Klingeltöne in einer Zeitschrift, deren Leser zu über 50 % Kinder und Jugendliche sind, in der nur der nicht unerhebliche Minutenpreis angegeben wird und nicht die voraussichtlich entstehenden höheren Kosten, ist grundsätzlich geeignet, die geschäftliche Unerfahrenheit Minderjähriger auszunutzen.[94]

Irreführende geschäftliche Handlungen setzen nach § 5 UWG zum einen eine Irreführung voraus und zum zweiten, dass sie Verbraucher oder sonstige Marktteilnehmer zu geschäftlichen Entscheidungen veranlassen können, die sie sonst nicht getroffen hätten.

Nach § 5a I UWG kann auch das **Verschweigen** von Tatsachen irreführend sein. Dabei ist zu berücksichtigen, inwieweit die geschäftliche Entscheidung beeinträchtigt wird. Als Irreführung durch Verschweigen kann auch die Nichtkenntlichmachung des kommerziellen Charakters einer geschäftlichen Handlung zählen, § 5a VI UWG.

Beispiel:
In einer Frauenzeitschrift wird ein Artikel veröffentlicht, der über ein bestimmtes Diätprodukt berichtet und mitteilt, dass dieses Produkt sensationelle Erfolge erzielt. Der Artikel, in dem mehrfach auf den Vertreiber hingewiesen wird, erweckt den Eindruck eines redaktionellen Beitrags. Der Artikel ist als verschleiernde Werbung wettbewerbswidrig.[95]

Eine Irreführung im Sinne des UWG kann zunächst vorliegen, wenn eine behauptete Tatsache **objektiv unwahr** ist und dadurch beim durchschnittlichen Verbraucher eine **falsche Vorstellung** hervorgerufen wird.

---

[93] *BGH*, Urteil vom 14. Mai 1992 – I ZR 204/90.
[94] *BGH*, Urteil vom 06. Juni 2006 – I ZR 125/ 03.
[95] *LG Itzehoe*, Urteil vom 06. April 2010 – 5 O 81/09.

Beispiel: „Markenqualität" ist nur für Markenware zulässig.[96]

Eine **Irreführung** kann jedoch **trotz objektiver Unwahrheit ausgeschlossen** sein, wenn eine Täuschung des durchschnittlichen Verbrauchers nicht zu befürchten ist.

Beispiel:
Die Werbung für Frühstücksprodukte mit dem Slogan „Kellogg's - Das Beste jeden Morgen" stellt eine reklamehafte Anpreisung dar und ist nicht irreführend.[97]

Umgekehrt können **objektiv wahre Tatsachen** als **irreführend** einzustufen sein, wenn sie beim Verbraucher subjektiv falsche Vorstellungen hervorrufen.

Beispiele:
Ein Angebot zum Verkauf eines PKW mit dem Hinweis „Sie haben 4 Monate Preisschutz" ist angesichts § 1 V Nr. 1 PAngV irreführend.[98]
„Der meistverkaufte Europas" ist zulässig, wenn der beworbene Rasierer in Europa die Spitzenstellung innehat, im Inland zwar nicht die Spitzenstellung, aber eine nicht unbedeutende Marktstellung besitzt.[99]

Die wichtigsten **Fallgruppen** irreführender geschäftlicher Handlungen zählt § 5 UWG auf. Das können nach § 5 I Nr. 1 UWG unwahre oder täuschende Angaben über Umstände sein wie:

• Verfügbarkeit
• Art, Ausführung, Vorteile usw.
• Verfahren oder Zeitpunkt der Herstellung
• Zwecktauglichkeit bzw. Verwendungsmöglichkeit
• Menge oder Beschaffenheit
• Kundendienst/Beschwerdeverfahren
• Herkunft
• bei Anwendung zu erwartende Ergebnisse
• Testergebnisse

Beispiele:
Wirbt ein Computergeschäft mit einem Notebook, welches zum angekündigten Zeitpunkt in der angebotenen technischen Ausstattung nicht verfügbar ist, so ist diese Werbung irreführend.[100]

---

[96] *BGH*, Urteil vom 29. Juni 1989 – I ZR 88/87.
[97] *BGH*, Urteil vom 03. Mai 2001 – I ZR 318/98.
[98] *BGH*, Urteil vom 24. Oktober 1980 - I ZR 74/78.
[99] *BGH*, Urteil vom 15. Februar 1996 – I ZR 9/94.
[100] *BGH*, Urteil vom 09. Mai 1996 – I ZR 107/94.

Der Name „Klosterbräu" für Bier sowie die Bezeichnung „Klosterbrauerei" für eine erst vor kurzem in Betrieb genommene Braustätte sind für die Verbraucher irreführend und daher unzulässig, wenn es zwischen der Brauerei und einem Kloster keinerlei Verbindung gibt - abgesehen von der Tatsache, dass die Brauerei zwei Kilometer von einer Schlossruine entfernt liegt, die vor Jahrhunderten ein Kloster beherbergte.[101]

Der Hersteller bewirbt seine Kamera mit dem Testurteil „Gut" der Stiftung Warentest, verschweigt aber, dass von den getesteten Kameras 10 mit „Sehr gut", 11 mit „Gut" und nur eine mit „Zufriedenstellend" getestet wurde.[102]

Zur Täuschung geeignet sein können nach § 5 I Nr. 2 UWG auch Angaben über:

• Verkaufsanlass
• den Preis oder dessen Berechnung § 5 I Nr. 2 UWG, § 5 IV UWG

Beispiele:
Die Werbung mit der „Neueröffnung" eines Möbelhauses kann irreführend sein, wenn nicht die Wiedereröffnung eines zuvor geschlossenen Geschäfts, sondern nur der endgültige Abschluss von Erweiterungs- und Umbauarbeiten am Gebäude Verkaufsanlass ist. Auch der Zusatz „Nach Totalumbau und großer Erweiterung" stellt nicht klar, dass es keine Schließung des Geschäfts gab, die einem Kunden unter Verwendung des Begriffs des „Eröffnens" suggeriert wird.[103]

„Das wirklich kostenlose Gehaltskonto, kein Mindestguthaben notwendig...". Es ist irreführend und damit unzulässig, wenn ein Kreditinstitut mit diesem Slogan versucht, Kunden zur Kontoeröffnung zu bewegen, wenn in Wirklichkeit die Bedingung für die Gebührenfreiheit ist, dass monatlich mindestens 2000 DM Gehalt eingehen und vor der Ausgabe einer ec-Karte eigens eine Bonitätsprüfung stattfindet; unzulässig ist die Werbung auch dann, wenn auf diese Bedingungen zwar im Antragsformular hingewiesen wird, sich der Hinweis aber versteckt ganz unten - unterhalb der Angabe der Anschriften der Bankfilialen - befindet und obendrein kleingedruckt ist.[104]

• Bedingungen der Lieferung/Leistung § 5 I Nr. 2 UWG

Auch Angaben über die Person des Unternehmers, dessen Rechte oder Zulassung können nach § 5 I Nr. 3, 4 UWG irreführend sein.

---

[101] *OLG Hamburg*, Urteil vom 18. September 1997 – 3 U 147/96.
[102] *BGH*, Urteil vom 11. März 1982 – I ZR 71/80.
[103] *OLG Hamm*, Urteil vom 21. März 2017 – 4 U 183/16.
[104] *LG Berlin*, Beschluss vom 13. Mai 1998 – 16 O 295/97.

Beispiele:
Ein nur regional tätiger Betrieb darf nicht den Zusatz „international" führen.[105]
Nur öffentlich bestellte und vereidigte Kfz-Sachverständige dürfen runde Stempel verwenden; Kfz-Gutachter, für die das nicht zutrifft und die dennoch einen Rundstempel mit Doppelrand und der ringförmigen Angabe „Anerkannter Kfz-Sachverständiger" verwenden, erwecken bei den Kunden die falsche Vorstellung, öffentlich bestellt und vereidigt zu sein, und handeln daher wettbewerbswidrig.[106]
Weitere irreführende Angaben können sich insbesondere auf folgende Angaben beziehen:

• Notwendigkeit einer Leistung § 5 I Nr. 5 UWG
• die Einhaltung eines Verhaltenskodex § 5 I Nr. 6 UWG
• die Rechte des Verbrauchers bei Leistungsstörungen § 5 I Nr. 7 UWG

Bei Werbung mit einer Preisherabsetzung wird die Irreführung nach § 5 IV UWG vermutet, wenn der herabgesetzte Preis nur für eine unangemmessen kurze Zeit gilt.

6.   Vergleichende Werbung

Der Begriff der **vergleichenden Werbung** wird durch § 6 I UWG definiert. Danach erfordert vergleichende Werbung, ein oder mehrere Mitwettbewerber bzw. deren Produkte erkennbar mit der Person oder den Produkten unmittelbar oder mittelbar verglichen werden.

Vergleichende Werbung ist nach § 6 II UWG unlauter, wenn
• nicht vergleichbares gegenübergestellt wird
• die Objektivität verletzt wird
• Verwechslungsgefahr besteht
• fremde Kennzeichen ausgenutzt oder beeinträchtigt werden
• Mitbewerber oder deren Waren oder Dienstleistungen herabgesetzt oder verunglimpft werden; Ironie ist aber nicht per se herabsetzend[107]
• Waren oder Dienstleistungen als Nachahmung oder Imitat dargestellt werden.

---

[105] *OLG Dresden*, Urteil vom 04. Mai 2010 – 14 U 46/10.
[106] *OLG Köln*, Urteil vom 18. September 1998 – 6 U 25/98.
[107] *BGH,* Urteil vom 1. Oktober 2009 – I ZR 134/07.

7. Unzumutbare Belästigung

Geschäftliche Handlungen, die Marktteilnehmer unzumutbar belästigen, sind unzulässig, § 7 I UWG. Die wichtigsten Fallgruppen der **unzumutbaren Belästigung** sind im § 7 II UWG aufgezählt:

- erkennbar unerwünschte Werbung § 7 II Nr. 1 UWG
Beispiel:
Dem Eigentümer oder Besitzer einer Wohnung, der sich durch einen Aufkleber an seinem Briefkasten gegen den Einwurf von Werbematerial wehrt, steht gegenüber dem Werbenden ein Unterlassungsanspruch zu, wenn es dennoch zum Einwurf von Werbematerial kommt.[108]

- Telefonwerbung gegenüber Verbrauchern ohne Einwilligung bzw. sonstigen Marktteilnehmern ohne mutmaßliche Einwilligung § 7 II Nr. 2 UWG

- Werbung per Anrufbeantworter, Fax, E-Mail, SMS o.ä. ohne ausdrückliche Einwilligung § 7 II Nr. 3 UWG
Beispiel:
Einladungs-E-Mails, die der Anbieter eines sozialen Netzwerks im Internet an Empfänger sendet, die nicht Mitglieder des sozialen Netzwerks sind und in den Erhalt der E-Mails nicht ausdrücklich eingewilligt haben, stellen eine unzumutbare Belästigung im Sinne des § 7 II Nr. 3 UWG dar.[109]

- Werbung mit adresslosen bzw. absenderverschleiernden elektronischen Nachrichten § 7 II Nr. 4 UWG

8. Sanktionen bei Verstößen gegen das UWG

Verstöße gegen das UWG können verschiedene Sanktionen nach sich ziehen. Folgende Ansprüche und Sanktionen kommen nach UWG in Betracht:

- **Unterlassungsanspruch** (§ 8 I UWG)
Dem Anspruchsberechtigten steht ein Unterlassungsanspruch zu, der regelmäßig durch eine Abmahnung, verbunden mit einer Aufforderung zur Abgabe einer strafbewehrten Unterlassungserklärung, geltend gemacht wird (§ 12 I UWG).

---

[108] *BGH*, Urteil vom 20. Dezember 1988 – VI ZR 182/88.
[109] *BGH*, Urteil vom 14. Januar 2016 – I ZR 65/14.

• **Beseitigungsanspruch** (§ 8 I UWG)
Neben dem Unterlassungsanspruch kann der Berechtigte die Beseitigung einer fortwährenden Störung verlangen. Hierzu können z.b. die Vernichtung von Werbematerial, die Einstellung des Vertriebs betroffener Waren oder eine öffentliche Richtigstellung gehören.

• **Schadensersatz** (§ 9 UWG)
Der Geschädigte Wettbewerber kann Schadensersatz verlangen, wenn den Schädiger ein Verschulden trifft.

• **Gewinnabschöpfung** bei irreführender Werbung (§ 10 UWG)
Der Staat kann im Falle einer vorsätzlichen irreführenden Werbung den erzielten Gewinn abschöpfen.

• **Strafbarkeit** bei irreführender Werbung durch unwahre Angaben (§ 16 UWG), Geheimnisverrat (§ 17 UWG), Vorlagenverwertung (§ 18 UWG) sowie das Verleiten oder Erbieten zu einer Tat nach §§ 17, 18 UWG (§ 19 UWG).

• Ahndung von unzulässiger Telefonwerbung als **Ordnungswidrigkeit** mit bis zu 300.000 € Geldbuße (§ 20 UWG).

Anspruchsberechtigte, die zur Durchsetzung wettbewerbsrechtlicher Ansprüche berechtigt sind, werden durch § 8 III UWG genannt:

• Mitbewerber, die gleichartige Waren oder Dienstleistungen vertreiben
• rechtsfähige Verbände zur Förderung gewerblicher Interessen
• Verbraucherschutzverbände mit Eintragung nach § 4 UKlaG
• Industrie- und Handelskammern, Handwerkskammern.

V.　Gesetz gegen Wettbewerbsbeschränkungen
1.　Überblick

Das Gesetz gegen Wettbewerbsbeschränkungen (GWB, Kartellgesetz) hat die Aufgabe, den **Wettbewerb vor Beschränkungen** durch Absprachen zwischen konkurrierenden Unternehmen und Ausschaltung durch Monopolbildung **zu schützen**. Zu diesem Zweck verfügt das GWB über ein System von Verboten (Kartellverbot, Preisbindungsverbot, Diskriminierungsverbot), Kontroll- und Aufsichtsmaßnahmen.

Ergänzt wird das GWB auf europäischer Ebene durch das Verbot wettbewerbsverhindernder Vereinbarungen sowie der missbräuchlichen Ausnutzung einer marktbeherrschenden Stellung (Art. 101, 102 AEU).

2.　Das Kartellverbot und dessen Ausnahmen

Unter einem **Kartell** wird ein vertraglicher Zusammenschluss zwischen rechtlich selbständigen Unternehmen zum Zweck der Beschränkung des Wettbewerbs verstanden. Nach § 1 GWB sind **Kartelle grundsätzlich verboten**. Um ein Unterlaufen des Kartellverbots durch informelle Absprachen zu verhindern, verbietet § 1 GWB aufeinander abgestimmtes Verhalten (sog. „Frühstückskartelle") in der gleichen Weise.

Vom Grundsatz des Kartellverbotes abweichend lässt das GWB jedoch Ausnahmen zu.

Zulässig sind nach § 2 I GWB Vereinbarungen zwischen Unternehmen, Beschlüsse von Unternehmensvereinigungen oder aufeinander abgestimmte Verhaltensweisen, die unter angemessener Beteiligung der Verbraucher zur **Verbesserung der Warenerzeugung** oder -verteilung oder zur **Förderung des technischen oder wirtschaftlichen Fortschritts** beitragen, ohne dass den beteiligten Unternehmen zu weitgehende Beschränkungen auferlegt werden, oder die für einen wesentlichen Teil der betreffenden Waren den Wettbewerb ausschalten. Dabei sind die **Gruppenfreistellungsverordnungen** entsprechend anzuwenden, § 2 II GWB.

Ebenfalls zulässig sind **Mittelstandskartelle**, die den Wettbewerb nur unwesentlich beeinträchtigen und die Wettbewerbsfähigkeit kleiner und mittlerer Unternehmen verbessern, § 3 GWB. Daneben gibt es im GWB zwei **Bereichsausnahmen**: in der Landwirtschaft gilt gemäß § 28 GWB der § 1 GWB weitgehend nicht und die Preisbindung bei Zeitungen und Zeitschriften ist zulässig (§ 30 GWB).

Beispiel:
In einer mittelgroßen Stadt in Thüringen gibt es drei Unternehmen, die Busreisen anbieten: die konkurrierenden Unternehmen des Anton, des Bernd und des Cuno. Das größte Unternehmen ist das des Anton mit drei großen und zwei kleineren Bussen. Bernd verfügt über einen großen und drei kleinere Busse und Cuno über einen großen und zwei kleinere Busse.
Cuno ist der phantasievollste der drei Unternehmer, denkt sich immer neue Ziele und Routen, z.b. mit Grillpausen, aus und das zu besonders attraktiven Preisen. Dies ärgert Anton und Bernd. Die beiden kommen überein, ihre Zielorte so aufzuteilen, dass sie praktisch nicht mehr konkurrieren. Zugleich beschließen sie, dass nach vorheriger Absprache jeweils einer von ihnen die von Cuno angebotenen Ziele zu 10% günstigeren Preisen anbieten soll, eventuelle Verluste sollen geteilt werden.
Anton und Bernd sind konkurrierende Unternehmen i.S. des § 1 GWB. Sie haben eine Vereinbarung getroffen, die den Wettbewerb untereinander verhindern soll. Damit ist die Vereinbarung gemäß § 1 GWB verboten. Die Ausnahme des § 3 GWB greift hier nicht, da der Wettbewerb zwischen den beteiligten Unternehmen nicht nur unwesentlich beeinträchtigt, sondern praktisch ausgeschaltet wird.

Weiterhin werden die missbräuchliche **Ausnutzung einer marktbeherrschenden Stellung** (§ 19 GWB), **Diskriminierungen** und unbillige Behinderung (§ 20 GWB) sowie **Boykott** (§ 21 GWB) verboten. Der Begriff der Marktbeherrschung wird durch § 19 II, III GWB, der Begriff des Missbrauchs durch § 19 IV GWB definiert.

Wirtschafts- und Berufsvereinigungen können **Wettbewerbsregeln** aufstellen (§ 24 GWB), die durch die Kartellbehörden anerkannt werden können (§ 26 GWB). Anerkannte Wettbewerbsregeln sind im Bundesanzeiger zu veröffentlichen (§ 27 GWB).

Verstöße gegen das GWB können Unterlassungs- und Schadensersatzansprüche (§§ 32, 33 GWB), Abschöpfung der Mehrerlöse (§ 34 GWB) und die Ahndung als Ordnungswidrigkeit mit Geldbußen bis zu über 1.000.000 € nach sich ziehen (§ 81 GWB).

Zuständige **Kartellbehörde** ist mangels abweichender Festlegung das Bundeskartellamt (§ 48 GWB). Die Kartellbehörde kann ein Verfahren auf Antrag oder von Amts wegen einleiten (§ 54 GWB).

3.   Fusionskontrolle und Missbrauchsaufsicht

Das Kartellverbot wird im GWB ergänzt durch Fusionskontrolle und Missbrauchsaufsicht.

Die **Fusionskontrolle** (§§ 35 ff. GWB) soll verhindern, dass durch Zusammenschluss Unternehmen eine marktbeherrschende Stellung erlangen und damit den Wettbewerb ausschalten. Unternehmenszusammenschlüsse sind beim Bundeskartellamt anzumelden (§ 39 GWB), wenn die beteiligten Unternehmen weltweit zusammen mehr als 500 Mio. € Umsatzerlöse hatten und mindestens ein beteiligtes Unternehmen im Inland mehr als 25 Mio. €.

Der Zusammenschluss wird untersagt, wenn durch den Zusammenschluss eine marktbeherrschende Stellung erreicht oder verstärkt wird, sofern die betreffenden Unternehmen nicht nachweisen, dass sich die Wettbewerbsbedingungen überwiegend verbessern (§ 36 GWB). Möglich ist jedoch die „Ministererlaubnis" (§ 42 GWB), wenn gesamtwirtschaftliche Vorteile überwiegen.

Für zulässige Kartelle und für marktbeherrschende Unternehmen sieht das GWB eine vorbeugende **Missbrauchsaufsicht** vor (§ 19 GWB, s.o.). Die Kartellbehörde ist im Rahmen der Missbrauchsaufsicht u.a. befugt, missbräuchliches Verhalten untersagen und Bußgelder zu verhängen.

Ebenfalls im GWB geregelt ist die Vergabe öffentlicher Aufträge (§§ 97 ff. GWB), auf die hier nicht näher eingegangen wird.

E. Insolvenzrecht
I. Grundlagen
1. Wesen, gesetzliche Grundlage und Insolvenzsubjekte

Ein Insolvenzverfahren verfolgt das Ziel, **die Gläubiger eines Schuldners** in einem einheitlichen Verfahren **gemeinschaftlich zu befriedigen**, indem entweder

- das **Vermögen** des Schuldners **verwertet** und der Erlös unter den Gläubiger verteilt wird oder
- in einem Insolvenzplan eine abweichende Regelung getroffen wird, um das **Unternehmen** zu **erhalten** (§ 1 InsO).

Dem redlichen Schuldner wird die Möglichkeit der **Restschuldbefreiung** eingeräumt.

Gesetzliche Grundlage ist seit dem 1.1.1999 die **Insolvenzordnung** (InsO).[110]

Ein Insolvenzverfahren kann eröffnet werden über (§ 11 InsO):

- das Vermögen einer natürliche Person
- das Vermögen einer juristische Person
- das Vermögen einer Gesellschaft ohne Rechtspersönlichkeit (insbesondere OHG, KG, GbR, PartG)
- einen Nachlass.

Unzulässig ist das Insolvenzverfahren über das Vermögen des Bundes oder der Bundesländer (§ 12 I Nr. 1 InsO). Für juristische Personen des öffentlichen Rechts kann das Landesrecht die Insolvenzfähigkeit ausschließen (§ 12 I Nr. 2 InsO).

Zuständig für das Insolvenzverfahren ist das **Amtsgericht** am allgemeinen Gerichtsstand des Schuldners, in dessen Bezirk ein Landgericht seinen Sitz hat (§§ 2, 3 InsO).

---

[110] Gesetz vom 05.10.1994, BGBl. I S. 2866.

2. Verfahrensarten, Eröffnungsgründe und Insolvenzantrag

Die InsO unterscheidet verschiedene Verfahrensarten:

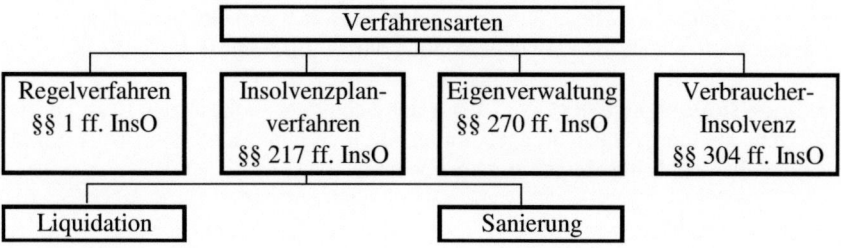

Welche Verfahrensart für wen zulässig ist und ob eine Restschuldbefreiung zulässig ist, zeigt nachfolgende Tabelle:

	Schuldner ist:			
	Juristische Person	selbständige nat. Person mit nicht nur geringer wirtschaftl. Tätigkeit	selbständige nat. Person mit geringer wirtschaftl. Tätigkeit	unselbständige nat. Person
Regelverfahren	ja	ja	nein	nein
Verbraucherinsolvenz	nein	nein	ja	ja
Eigenverwaltung	ja	ja	nein	nein
Insolvenzplanverfahren	ja	ja	ja	ja
Restschuldbefreiung	nein	ja	ja	ja

Voraussetzung für die Eröffnung eines Insolvenzverfahrens ist nach § 16 InsO ein Eröffnungsgrund. Als **Eröffnungsgründe** kommen in Betracht:

- Zahlungsunfähigkeit § 17 InsO (bei allen Schuldnern)
- drohende Zahlungsunfähigkeit § 18 InsO (bei allen Schuldnern)
- Überschuldung § 19 InsO (bei juristischen Personen und Gesellschaften, bei denen keine natürliche Person persönlich haftet, z.B. GmbH & Co. KG).

Zahlungsunfähigkeit liegt vor, wenn der Schuldner nicht in der Lage ist, die fälligen Zahlungsverpflichtungen zu erfüllen. Zahlungsunfähigkeit ist insbesondere bei **Zahlungseinstellung** anzunehmen.

Drohende Zahlungsunfähigkeit liegt vor, wenn der Schuldner voraussichtlich nicht in der Lage sein wird, die bestehenden Verbindlichkeiten zum Zeitpunkt der Fälligkeit zu erfüllen. Die Feststellung erfordert somit z.B. einen Finanzplan zur Prognose.

Überschuldung liegt vor, wenn das Vermögen des Schuldners die bestehenden Verbindlichkeiten nicht mehr deckt. Dies gilt nicht, wenn die Fortführung des Unternehmens nach den Umständen überwiegend wahrscheinlich ist. Die Überschuldung ist somit zweistufig zu prüfen:

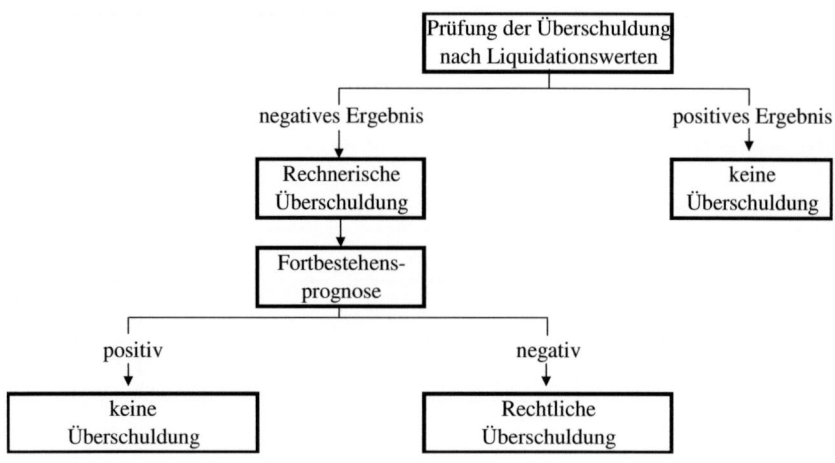

Der Ausschluss der Insolvenzantragspflicht trotz Überschuldung bei positiver Fortbestehensprognose wurde mit Wirkung vom 18.10.2008 eingeführt.[111]

---

[111] Finanzmarktstabilisierungsgesetz vom 17.10.2008, BGBl. I, S. 1982.

Beispiel:
Für die Pech&Pleiten GmbH soll der Überschuldungsstatus überprüft werden. Nach Liquidationswerten ergeben sich 2.589 T€ an Anlagevermögen, 1.120 T€ an Umlaufvermögen und Verbindlichkeiten in Höhe von 5.000 T€.

Es liegt eine rechnerische Überschuldung von 1.291 T€ vor. Damit ist eine Fortführungsprognose zu erstellen. Ist diese negativ, so liegt auch rechtliche Überschuldung vor. Ergibt sich eine positive Prognose, liegt keine Überschuldung vor.

Ein Insolvenzverfahren wird nur auf **schriftlichen Antrag** eröffnet (§ 13 InsO). Antragsberechtigt sind Schuldner und Gläubiger. Dem Schuldnerantrag ist ein Gläubiger- und Forderungsverzeichnis beizufügen.

Der Antrag kann von einem **Gläubiger** gestellt werden, wenn dieser seine Forderung und den Eröffnungsgrund (in Betracht kommt hier vor allem Zahlungsunfähigkeit) sowie ein rechtliches Interesse an der Eröffnung glaubhaft macht (§ 14 I InsO). Bei einem Gläubigerantrag hat das Insolvenzgericht den Schuldner zu hören (§ 14 II InsO).

Der Schuldnerantrag kann bei **natürlichen Personen** nur durch den **Schuldner** selbst erfolgen. Bei **juristischen Personen** oder **Personengesellschaften** ist jedes Mitglied des Vertretungsorgans und jeder persönlich haftende Gesellschafter antragsberechtigt. Bei einem Schuldnerantrag, der nicht von allen Mitgliedern des Vertretungsorgans bzw. von allen persönlich haftenden Gesellschaftern gestellt wird, hat das Insolvenzgericht die übrigen Mitglieder des Vertretungsorgans bzw. persönlich haftenden Gesellschafter zu hören (§ 15 II S. 3 InsO).

Bei drohender Zahlungsunfähigkeit kann nur der Schuldner die Eröffnung beantragen (§ 18 I InsO). Gesetzliche Vertreter von juristischen Personen sind **verpflichtet**, spätestens nach **3 Wochen** einen Insolvenzantrag zu stellen, wenn Überschuldung oder Zahlungsunfähigkeit eintritt (§ 15a I InsO). Dies gilt auch für Personengesellschaften, bei denen keine natürliche Person unbeschränkt haftet, z.B. einer GmbH & Co. KG.

Wird der Pflichtantrag zu spät, unrichtig oder gar nicht gestellt, macht sich der Antragsverpflichtete wegen **Insolvenzverschleppung** strafbar. Der Strafrahmen umfasst Geldstrafe oder Freiheitsstrafe bis zu 3 Jahren (§ 15a IV InsO). Davon unberührt bleibt eine zivilrechtliche Haftung.

II. Eröffnung des Insolvenzverfahrens

Wird ein Insolvenzantrag gestellt, **prüft** das **Insolvenzgericht**, ob die **Voraussetzungen für die Eröffnung** des Verfahrens erfüllt sind von Amts wegen (§ 5 I InsO).

Der Schuldner hat dem Insolvenzgericht die zur Entscheidung über das Insolvenzverfahren erforderlichen **Auskünfte** zu erteilen (§ 20 InsO).

Bis zur Entscheidung über die Eröffnung kann das Insolvenzgericht nach § 21 InsO als **Sicherungsmaßnahmen** u.a. einen vorläufigen Insolvenzverwalter bestellen und Verfügungsverbote oder -beschränkungen festlegen. Diese Maßnahmen sind öffentlich bekannt zu machen (§ 23 InsO). Das Gericht kann eine Postsperre anordnen. Im Extremfall kommt eine Inhaftierung des Schuldners in Betracht.

Als Entscheidung über den Insolvenzantrag kommen die Zurückweisung des Antrags bei fehlenden Insolvenzvoraussetzungen, eine **Abweisung mangels Masse** (§ 26 I InsO) oder ein **Eröffnungsbeschluss** (§ 27 InsO) in Betracht.

Die Abweisung mangels Masse erfolgt, wenn das Vermögen die Kosten des Verfahrens voraussichtlich nicht deckt. Die Abweisung mangels Masse wird in ein vom Gericht geführtes Schuldnerverzeichnis („Schwarze Liste") eingetragen (§ 26 II InsO). Eine juristische Person gilt mit der Rechtskraft des Beschlusses als aufgelöst (z.B. § 60 I Nr. 5 GmbHG), dies wird von Amts wegen im Handelsregister eingetragen.

Der im Internet[112] (§ 9 InsO) zu veröffentlichende (§ 30 InsO) **Eröffnungsbeschluss** enthält insbesondere:

• die Benennung des Schuldners
• den Insolvenzverwalter
• die Stunde der Eröffnung
• die Forderungsanmeldefrist (§ 28 InsO)
• den Berichtstermin (§ 29 InsO)
• den Prüfungstermin (§ 29 InsO).

Die Eröffnung des Insolvenzverfahrens ist erforderlichenfalls dem Registergericht mitzuteilen (§ 31 InsO) und im Grundbuch einzutragen (§ 32 InsO).

---

[112] http://www.insolvenzbekanntmachungen.de

Der Eröffnungsbeschluss hat bedeutsame Auswirkungen. Die Verfügungsbefugnis über die Insolvenzmasse (§ 35 InsO) geht nach § 80 I InsO auf den Insolvenzverwalter über. **Verfügungen des Schuldners** über Gegenstände der Insolvenzmasse ab diesem Zeitpunkt sind **unwirksam** (§ 81 InsO). **Leistungen an den Schuldner** haben **keine befreiende Wirkung**, es sei denn, der Leistende kannte die Eröffnung nicht (§ 82 InsO).

Beispiel:
Der insolvente Schuldner Igor verkauft und übereignet nach Eröffnung des Insolvenzverfahrens einen Pkw, der ihm bereits bei Verfahrenseröffnung gehörte, den der Insolvenzverwalter aber noch nicht in Besitz genommen hatte, gegen Zahlung von 8.000 € an Kurth, der von der Verfahrenseröffnung nichts wusste. Das von Kurth übergebene Geld verliert Igor beim Pokern im Kasino.

Da der Pkw nach § 35 InsO zur Insolvenzmasse gehört, ist seine Übereignung an Kurth nach § 81 I InsO unwirksam. Der Insolvenzverwalter kann somit den Pkw nach § 985 BGB von Kurth herausverlangen. Der Insolvenzverwalter muss dem Kurth auch nicht die gezahlten 8.000 € zurückzahlen, da diese nicht in die Insolvenzmasse gelangt sind. Kurth hat gegen Igor lediglich einen schuldrechtlichen Anspruch aus dem nichterfüllten Kaufvertrag (nach § 311a II, 275 I BGB) auf Schadensersatz. Bezüglich dieses Anspruchs ist Kurth auch kein Insolvenzgläubiger (§ 38 InsO), so dass er sich nur an das insolvenzfreie Vermögen des Igor halten kann.

Zwangsvollstreckungsmaßnahmen aus dem letzten Monat vor Verfahrenseröffnung werden unwirksam, eine Zwangsvollstreckung während des Verfahrens ist **verboten** (§§ 88, 89 InsO).

Der Verwalter hat bei noch nicht erfüllten gegenseitigen Rechtsgeschäften ein **Wahlrecht zwischen Rücktritt und Erfüllung** (§ 103 InsO).

Beispiel:
Die Sorge & Elend OHG hat vor Insolvenzeröffnung einen Kaufvertrag mit der Chemie AG über die Lieferung von 500 Tonnen Rohstoffen abgeschlossen. Die Ware ist noch nicht geliefert und noch nicht bezahlt.

Der Kaufvertrag ist nach § 433 BGB ein gegenseitig verpflichtender Vertrag. Für beiderseitig noch nicht erfüllte Verträge hat der Insolvenzverwalter nach § 103 InsO ein Wahlrecht zwischen Erfüllung und Nichterfüllung. Sollten die Rohstoffe noch benötigt werden, wird der Verwalter auf Erfüllung bestehen (der Kaufpreis gehört dann zu den Masseverbindlichkeiten), ansonsten die Abnahme und Bezahlung verweigern.

Besonderheiten gelten z.T. bei **Dauerschuldverhältnissen**. Miet- und Pachtverträge über unbewegliche Sachen sowie Dienstverträge des Schuldners bleiben bestehen (§ 108 InsO).

Miet- und Pachtverträge über unbewegliche Sachen des **Schuldners als Mieter** oder Pächter kann der Insolvenzverwalter mit einer Frist von maximal 3 Monaten kündigen (§ 109 I InsO). Eine Kündigung des Vermieters wegen Mietrückständen aus der Zeit vor der Eröffnung ist ausgeschlossen (§ 112 InsO). War die Sache noch nicht überlassen, besteht ein Rücktrittsrecht (§ 109 II InsO).

Beispiel:
Für die Räume des Hauptsitzes der Sorge & Elend OHG wurde ein unbefristeter Mietvertrag abgeschlossen. Da die letzten drei Monatsmieten vor Insolvenzeröffnung nicht bezahlt wurden, kündigt der Vermieter fristlos nach § 543 II Nr. 3 BGB. Die Räumlichkeiten werden jedoch vom Insolvenzverwalter zur ordnungsgemäßen Abwicklung benötigt.

Eine Kündigung des Vermieters wegen Mietrückständen aus der Zeit vor der Eröffnung ist ausgeschlossen (§ 112 InsO). Der Verwalter kann somit auf Fortsetzung des Mietvertrags bestehen. Die Miete ab Eröffnung gehört zu den Masseverbindlichkeiten (§ 55 InsO).

Arbeitsverhältnisse bei denen der Schuldner Arbeitgeber ist, können mit einer **Frist von maximal 3 Monaten** zum Monatsende **gekündigt** werden (§ 113 InsO). **Entgeltforderungen** für die Zeit ab Insolvenzeröffnung sind Masseverbindlichkeiten (§ 55 I InsO), die vorab befriedigt werden. Entgeltforderungen für die Zeit vor Insolvenzeröffnung sind gewöhnliche Insolvenzforderungen (§ 38 InsO).

Es besteht aber Anspruch auf Insolvenzgeld (§§ 165 ff. SGB III). Das **Insolvenzgeld** sichert für einen Zeitraum von 3 Monaten die zurückliegenden Entgeltansprüche bei Zahlungsunfähigkeit des Arbeitgebers ab Eröffnung des Insolvenzverfahrens. Das Insolvenzgeld wird in Höhe des ausgefallenen Nettoarbeitsentgelts gezahlt. Außerdem werden die auf das Arbeitsentgelt entfallenden Sozialversicherungsbeiträge der letzten drei Monate gezahlt, soweit diese nicht entrichtet wurden.

Beispiel:
Marcus Maier ist bei der Pleitgen GmbH beschäftigt, über deren Vermögen am 1.11. ein Insolvenzverfahren eröffnet wurde. Der Arbeitgeber hat seit Juli kein Gehalt mehr gezahlt.

Der Zeitraum für den Insolvenzgeld gezahlt wird, ist der 01.08. bis 31.10. Hat Maier zum 30.09. gekündigt, wird Insolvenzgeld vom 01.07. bis 30.09. gezahlt.

III. Regelinsolvenz
1. Verfahrensablauf

Nach der Eröffnung des Verfahrens hat der **Verwalter** die **Aufgabe**, das Vermögen in Besitz und Verwaltung zu nehmen (§ 148 InsO), ein Gläubigerverzeichnis (§ 152 InsO) und eine Vermögensübersicht (§ 153 InsO) zu erstellen. Das Insolvenzgericht kann einen **Gläubigerausschuss** einsetzen (§ 67 InsO). Bei besonders bedeutsamen Rechtshandlungen des Verwalters muss der Gläubigerausschuss zustimmen (§ 160 InsO).

Im **Berichtstermin** hat der Verwalter die wirtschaftliche Lage und die Aussichten des Unternehmens sowie Erhaltungsmöglichkeiten darzustellen und Möglichkeiten für einen Insolvenzplan bezüglich ihrer Folgen für die Gläubiger darzulegen (§ 156 InsO).

Die **Gläubigerversammlung** beschließt über Stillegung oder Fortführung des Unternehmens und beauftragt erforderlichenfalls den Verwalter zur Ausarbeitung eines Insolvenzplanes (§ 157 InsO). Die Gläubiger können auch einen anderen Verwalter wählen (§ 57 InsO).

Innerhalb der festgelegten Frist (§ 28 InsO) müssen die Gläubiger ihre **Forderungen** schriftlich beim Insolvenzverwalter **anmelden** (§ 174 InsO). Diese werden in eine Tabelle eingetragen (§ 175 InsO) und im Prüfungstermin nach Höhe, Bestand und evtl. Vorrang geprüft (§ 176 InsO). Eine bestrittene Forderung kann durch Feststellungsklage vor dem Amtsgericht geltend gemacht werden (§§ 179 ff. InsO).

Wird eine Forderung verspätet angemeldet, so ist erforderlichenfalls ein zusätzlicher Prüfungstermin auf Kosten des anmeldenden Schuldners zu bestimmen (§ 177 I S. 2 InsO).

Wenn keine abweichende Festlegung durch einen Insolvenzplan getroffen wird, so hat der Verwalter das **Vermögen** nach dem Berichtstermin zu **verwerten** (§ 159 InsO).

Die **Form der Verwertung** unterliegt dem pflichtgemäßen Ermessen des Insolvenzverwalters, soweit Beschlüsse der Gläubigerversammlung oder Genehmigungserfordernisse nach § 160 InsO dem nicht entgegenstehen. In Betracht kommen somit sowohl eine Versteigerung als auch freihändiger Verkauf von Massegegenständen oder die Veräußerung des Unternehmens als Ganzes oder einzelner Betriebe oder Betriebsteile.

Die **Verteilung an die Gläubiger** erfolgt unter Zustimmung des Gläubigerausschusses (§§ 187 ff. InsO). Eine Abschlagsverteilung an die Gläubiger kann nach dem Prüfungstermin beginnen, wenn entsprechende Mittel vorhanden sind.

Bei Beendigung der Verwertung erfolgt die **Schlussverteilung** (§ 196 InsO). Im Schlusstermin (§ 197 InsO) wird die Schlussrechnung erörtert und es können evtl. Einwendungen erhoben werden.

Das Insolvenzverfahren wird durch Beschluss des Insolvenzgerichtes aufgehoben (§ 200 InsO). Mit der Aufhebung erlangt der Schuldner seine volle Verfügungsgewalt zurück. Nicht vollständig befriedigte Gläubiger erhalten einen **Auszug aus der Tabelle**, der als vollstreckbarer Titel wirkt (§ 201 InsO).

Wird durch Beschluss des Insolvenzgerichtes die Restschuldbefreiung in Aussicht gestellt (§ 291 InsO), so kann **keine Zwangsvollstreckung** aus dem Tabellenauszug erfolgen (§ 294 I InsO).

Stellt sich im Laufe des Verfahrens die Masseunzulänglichkeit heraus, so ist das Verfahren mangels Masse einzustellen (§ 207 InsO).

Den prinzipiellen Ablauf des Regelverfahrens zeigt die folgende Übersicht.

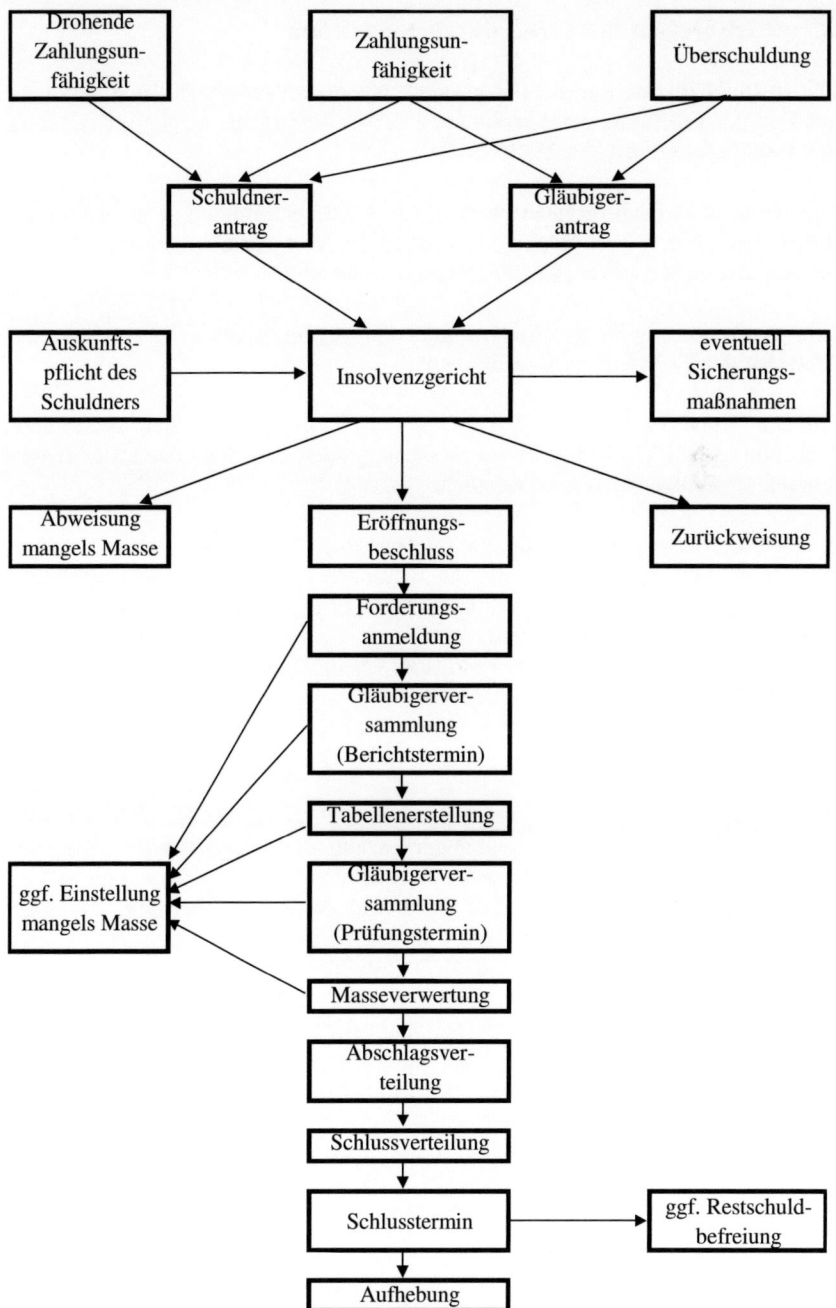

2. Insolvenzmasse und deren Verteilung

Die **Insolvenzmasse** umfasst das gesamte pfändbare Vermögen des Schuldners zur Zeit der Eröffnung des Verfahrens und das Vermögen, welches er während des Verfahrens erlangt (§§ 35, 36 InsO).

Die Masse kann noch verändert werden durch **Aufrechnungen** (§ 94 InsO) oder durch **Anfechtung** von gläubigerschädigenden Rechtshandlungen des Schuldners durch den Verwalter (§§ 129 ff. InsO).

Eine **Aufrechnung** (§ 94 InsO) kommt bei gegenseitigen Forderungen nach Maßgabe der §§ 387 ff. BGB in Betracht.

Um den Grundsatz der Gleichbehandlung der Gläubiger zu stärken, ist eine **Anfechtung** gläubigerschädigender Rechtshandlungen des Schuldners durch den Verwalter in folgenden Fällen möglich:

1. Rechtshandlungen mit kongruenter Deckung (§ 130 InsO)
- kongruente Deckung liegt bei Rechtshandlungen vor, die dem Gläubiger eine Befriedigung oder Sicherung verschaffen, die er genau in dieser Weise und zu dieser Zeit beanspruchen konnte
- Rechtshandlung innerhalb von 3 Monaten vor Eröffnungsantrag
- bereits vorliegende Zahlungsunfähigkeit
- Kenntnis der Zahlungsunfähigkeit (Annahme bei nahestehenden Personen nach § 138 InsO).

Beispiel:
Nach Eintritt der Zahlungsunfähigkeit bezahlt der Gesellschafter Sorge der Sorge & Elend OHG aus einer noch eingehenden Kundenforderung die fällige Rechnung seines Schwagers, der ein Einzelunternehmen betreibt, aus einer Warenlieferung. Einen Monat später wird der Insolvenzeröffnungsantrag über das Vermögen der Sorge & Elend OHG gestellt.

Der Schwager konnte zu diesem Zeitpunkt die Zahlung beanspruchen, somit liegt kongruente Deckung vor. Eine Anfechtung ist nach § 130 I Nr. 1 InsO möglich, da die Rechtshandlung nach Eintritt der Zahlungsunfähigkeit innerhalb von 3 Monaten vor Insolvenzeröffnungsantrag vorgenommen wurde. Die notwendige Kenntnis der Zahlungsunfähigkeit seitens des Gläubigers wird nach § 130 III InsO vermutet, da der Schwager nach § 138 II Nr. 1, 3 InsO i.V.m. § 138 I Nr. 2 InsO zu den nahestehenden Personen zählt.

2. Rechtshandlungen mit inkongruenter Deckung (§ 131 InsO)

- inkongruente Deckung liegt bei Rechtshandlungen vor, die dem Gläubiger eine Befriedigung oder Sicherung verschaffen, die er nicht oder nicht in dieser Weise oder nicht zu dieser Zeit beanspruchen konnte
- generell innerhalb von 1 Monat vor Eröffnungsantrag
- innerhalb von 3 Monaten vor Eröffnungsantrag bei Kenntnis der Zahlungsunfähigkeit oder der Gläubigerbenachteiligung (Annahme bei nahestehenden Personen nach § 138 InsO).

Beispiel:

Nach Eintritt der Zahlungsunfähigkeit bezahlt der Gesellschafter Sorge der Sorge & Elend OHG aus einer noch eingehenden Kundenforderung eine Rechnung des Lieferanten Mayer, die erst zwei Wochen später fällig wird. Drei Wochen später stellt die Sorge & Elend OHG Antrag auf Eröffnung des Insolvenzverfahrens.

Da die Rechnung zum Zeitpunkt der Zahlung noch nicht fällig war, liegt inkongruente Deckung vor. Die Zahlung erfolgte innerhalb des letzten Monats vor dem Insolvenzantrag, daher kann der Insolvenzverwalter nach § 131 I Nr. 1 InsO anfechten.

3. Unmittelbar nachteilige Rechtshandlungen (§ 132 InsO)

- Rechtshandlung innerhalb von 3 Monaten vor Eröffnungsantrag
- unmittelbare Benachteiligung
- bereits vorliegende Zahlungsunfähigkeit
- Kenntnis der Zahlungsunfähigkeit (Annahme bei nahestehenden Personen nach § 138 InsO).

Beispiel:

Der zahlungsunfähige Einzelunternehmer Paul Schuldner verkauft einen Geschäftswagen für die Hälfte des Verkehrswertes an seinen Bruder. Einen Monat später stellt er den Antrag auf Insolvenzeröffnung.

Der Verkauf unter Wert benachteiligt die Gläubiger unmittelbar. Die Rechtshandlung wurde nach Eintritt der Zahlungsunfähigkeit innerhalb der letzten 3 Monate vor dem Eröffnungsantrag vorgenommen. Aufgrund der Vermutungsregel des § 132 III InsO i.V.m. § 130 III InsO ist beim Bruder des Schuldners als nahestehende Person nach § 138 I Nr. 1 InsO von der Kenntnis der Zahlungsunfähigkeit auszugehen. Das Rechtsgeschäft ist somit anfechtbar nach § 132 I Nr. 1 InsO.

4. Vorsätzliche Benachteiligung (§ 133 InsO)
- Rechtshandlung innerhalb von 10 Jahren vor Eröffnungsantrag
- Vorsatz des Schuldners (Beweisbar)
- Kenntnis des Anfechtungsgegners (Beweisbar)
oder
- entgeltliche Verträge mit nahestehenden Personen innerhalb von 2 Jahren vor Eröffnungsantrag
- unmittelbare Benachteiligung.

Beispiel:
Der Einzelunternehmer Paul Schuldner hat ein zum Betriebsvermögen gehörendes Ladenlokal 1 Jahr vor dem Insolvenzantrag für 5 Jahre an seine Tochter zu 60% der ortsüblichen Miete vermietet.

Eine Insolvenzanfechtung kommt nach § 133 II InsO in Betracht. Ein entgeltlicher Vertrag mit einer nahestehenden Person i.S.d. § 138 I Nr. 1 InsO liegt vor, der innerhalb von 2 Jahren vor dem Eröffnungsantrag abgeschlossen wurde. Aufgrund der niedrigen Miete werden die Gläubiger unmittelbar benachteiligt. Die Anfechtung wäre nur dann ausgeschlossen, wenn die Tochter beweisen kann, dass ihr ein Benachteiligungsvorsatz nicht bekannt war.

5. Schenkungsanfechtung (§ 134 InsO)
- Unentgeltlichkeit (auch gemischte Schenkungen)
- Rechtshandlung innerhalb von 4 Jahren vor Eröffnungsantrag (Beweislast des Anfechtungsgegners).

6. Kapitalersetzende Darlehen (§ 135 InsO)
- Kapitalersetzendes Darlehen
- Sicherung der Rückzahlung innerhalb von 10 Jahren vor Eröffnungsantrag
oder
- Rückgewähr innerhalb von 1 Jahr vor Eröffnungsantrag.

Als **nahestehende Personen** i.S. §§ 130 bis 133 InsO zählen (§ 138 InsO) gegenüber natürlichen Personen:

- Ehegatten
- geradlinige Verwandte und Schwäger, Geschwister und deren Ehegatten
- Personen in häuslicher Gemeinschaft mit dem Schuldner

und gegenüber Gesellschaften:

- Vertretungs- und Aufsichtsorgane sowie persönlich haftende Gesellschafter
- Gesellschafter mit Sperrminorität
- den o.g. nahestehende i.S. § 138 I InsO.

Die Insolvenzmasse dient zur Befriedigung der **Insolvenzgläubiger** (§ 38 InsO). Insolvenzgläubiger ist, wer zur Zeit der Eröffnung einen vermögensrechtlichen Anspruch gegen den Schuldner hat.

Nicht zu den Gläubigern gehören diejenigen, die aufgrund von dinglichen oder persönlichen Rechten die **Aussonderung** von Gegenständen verlangen können (§ 47 InsO), z.b. Leasinggeber oder bei einfachem Eigentumsvorbehalt (§ 449 BGB). Maßgeblich hierfür ist die Eigentumslage.

Beispiel:
Der Fensterbauer Glas & Holz KG hat der Bauträgergesellschaft B. Trug GmbH Fenster im Wert von 10.000 € unter Eigentumsvorbehalt nach § 449 BGB gegen Rechnung geliefert. Diese wurden in ein Gebäude auf einem der GmbH gehörenden Grundstück eingebaut. Kurz danach meldet die GmbH Insolvenz an; die Fenster sind bisher nicht bezahlt worden.

Die KG hätte bei Nichtbezahlung der Fenster einen Herausgabeanspruch nach § 47 InsO, wenn sie noch Eigentümerin der Fenster wäre. Durch den Einbau der Fenster ist die GmbH jedoch Eigentümerin der Fenster geworden (§§ 946, 94 BGB). Damit gehören die Fenster zur Insolvenzmasse (§ 35 InsO). Die Glas & Holz KG hat somit lediglich das Recht, ihre Forderung als Insolvenzgläubigerin (§ 38 InsO) beim Insolvenzverwalter anzumelden.

Bei den Gläubigern sind folgende **Gruppen** zu unterscheiden:

- **absonderungsberechtigte Gläubiger** (Inhaber von Grundpfandrechten, Pfandrechten, Sicherungseigentümer usw. §§ 49 ff. InsO)
- **Massegläubiger** (Masseverbindlichkeiten sind Verfahrenskosten und Verbindlichkeiten aus Rechtsgeschäften des vorläufigen Verwalters oder Verwalters oder aus Dauerschuldverhältnissen ab Verfahrenseröffnung §§ 53 ff. InsO)
- sonstige persönliche Gläubiger (**Insolvenzgläubiger** § 38 InsO)
- **nachrangige Insolvenzgläubiger** (z.B. Zinsforderungen ab Eröffnung des Verfahrens, Geldstrafen, Ordnungsgelder etc., Forderung auf Rückgewähr kapitalersetzender Darlehen § 39 InsO).

Bei der **Vermögensverteilung** werden **zunächst die absonderungsberechtigten** Gläubiger berücksichtigt, indem der Verwertungserlös aus dem Absonderungsgut an diese zu zahlen ist.

Zu beachten ist, dass der Verwalter das **Recht auf freihändige Verwertung beweglicher Sachen** hat, die sich in seinem Besitz befinden (§ 166 ff. InsO). Vom Veräußerungserlös ist eine **Kostenpauschale** in Höhe von 9% des Erlöses (§ 171 InsO) zugunsten der Insolvenzmasse einzubehalten.

Vom Resterlös werden zunächst die **Masseverbindlichkeiten** (§§ 53 ff. InsO) beglichen.

Danach kommen die **Insolvenzgläubiger** gleichberechtigt zum Zuge. Ein eventuell noch verbleibender Erlös kommt den **nachrangigen Insolvenzgläubigern** zugute.

Die Ermittlung der Insolvenzquote ergibt sich aus folgendem Schema:

Pfändbares Vermögen
– Aufrechnungen (§ 94 InsO)
– Aussonderung (§ 47 InsO)
– Absonderung (§§ 49 ff. InsO)
– Masseverbindlichkeiten (§§ 53 ff. InsO)
= Restmasse

$$Quote = \frac{Re\,stmasse}{Re\,stverbindlichkeiten} \times 100$$

Beispiel:
Über das Vermögen der Pech&Pleiten GmbH ist das Insolvenzverfahren eröffnet worden.

Wie hoch ist die Insolvenzquote, wenn folgende Daten bekannt sind:

Der Fuhrpark wurde für ein Darlehen in Höhe von 40.000 € an die SPK Irgendwo sicherungsübereignet. Der Insolvenzverwalter hat ihn nach §§ 166 ff. InsO verwertet.

Vermögen insgesamt:	2.500.000 €
darin enthalten:	
• unter EV gelieferte Waren	35.000 €
• Erlös des Fuhrparks	37.000 €
Verwertungskosten Fuhrpark (9%)	3.330 €
Verfahrenskosten	90.000 €
Löhne/Gehälter nach Eröffnung	30.000 €
Verbindlichkeiten	8.940.000 €
Ordnungsgelder	2.000 €

```
Vermögen                              2.500.000 €
– Aussonderung EV (§ 47 InsO)      –   35.000 €
= Insolvenzmasse                      2.465.000 €

                 Erlös Verwertung Fuhrpark        37.000 €
                 – Verwertungskosten (§ 171 InsO)   3.330 €
                 = Verbleiben                      33.670 €

– an Sparkasse (§§ 50, 170 InsO)   –   33.670 €
= Masse                               2.431.330 €
– Massekosten (§§ 53 - 55 InsO)    –   90.000 €
                                   –   30.000 €
= Restmasse                           2.311.330 €

Verbindlichkeiten gesamt              8.940.000 €
– Erlöschen Verbindl. m. EV        –   35.000 €
– Erlöschen Verbindl. Sparkasse    –   33.670 €
= Gläubigerforderungen                8.871.330 €
```

Quote: 26,05 %

Die Ordnungsgelder werden nicht bezahlt, da sie nachrangig sind (§ 39 I Nr. 3 InsO).

IV. Besondere Verfahrensarten
1. Insolvenzplanverfahren

Die Gläubiger haben auch die Möglichkeit, das Verfahren nach einem **Insolvenzplan** (§§ 217 ff. InsO) abzuwickeln. Hiernach ist es **möglich**, die **Verwertung** der Masse und deren **Verteilung abweichend vom Gesetz** zu regeln. In Betracht kommen insbesondere

• eine Unternehmenssanierung unter Teilerlass und/oder Stundung von Forderungen,
• eine Liquidation oder
• eine übertragende Sanierung.

Zur Vorlage eines Insolvenzplanes sind Schuldner und Insolvenzverwalter berechtigt (§ 218 InsO). Der Insolvenzplan besteht aus einem **darstellenden Teil**, der die getroffenen und zu treffenden Maßnahmen enthält sowie einen **gestaltenden Teil**, der festlegt, wie die Rechtstellung der Beteiligten durch den Plan geändert werden soll (§§ 220 ff. InsO).

Als Anlagen sind dem Plan eine Vermögensübersicht, eine Plan-Ergebnisrechnung und eine Plan-Liquiditätsrechnung beizufügen.

Der Insolvenzplan ist dem Insolvenzgericht zur Prüfung vorzulegen. Das Gericht hat den Plan von Amts wegen zurückzuweisen (§ 231 InsO), wenn er

• formale Mängel aufweist
• keine Aussicht auf Annahme hat oder
• die Ansprüche nach den gestaltenden Teil offensichtlich nicht erfüllt werden können.

In einem **Erörterungs- und Abstimmungstermin** werden der Plan und die Stimmrechte erörtert und über den Plan abgestimmt (§ 235 InsO). Der Plan ist angenommen, wenn in jeder abstimmungsberechtigten Gruppe (§ 222 InsO) die **Kopf- und die Summenmehrheit** erreicht wird (§ 244 InsO). Die Zustimmung einzelner Gruppen gilt als erteilt, wenn diese durch den Plan nicht schlechter gestellt werden als ohne Plan (§ 245 InsO). Weiterhin muss der **Schuldner** dem Plan **zustimmen** (§ 247 InsO).

Der bestätigte Plan wirkt **für und gegen alle Beteiligten** (§ 254 InsO) und gilt in Verbindung mit dem Tabellenauszug als **vollstreckbarer Titel** (§ 257 InsO). Mit der Bestätigung des Planes wird die Aufhebung des Verfahrens beschlossen (§ 258 InsO).

Den prinzipiellen Ablauf des Insolvenzplanverfahrens zeigt die folgende Übersicht.

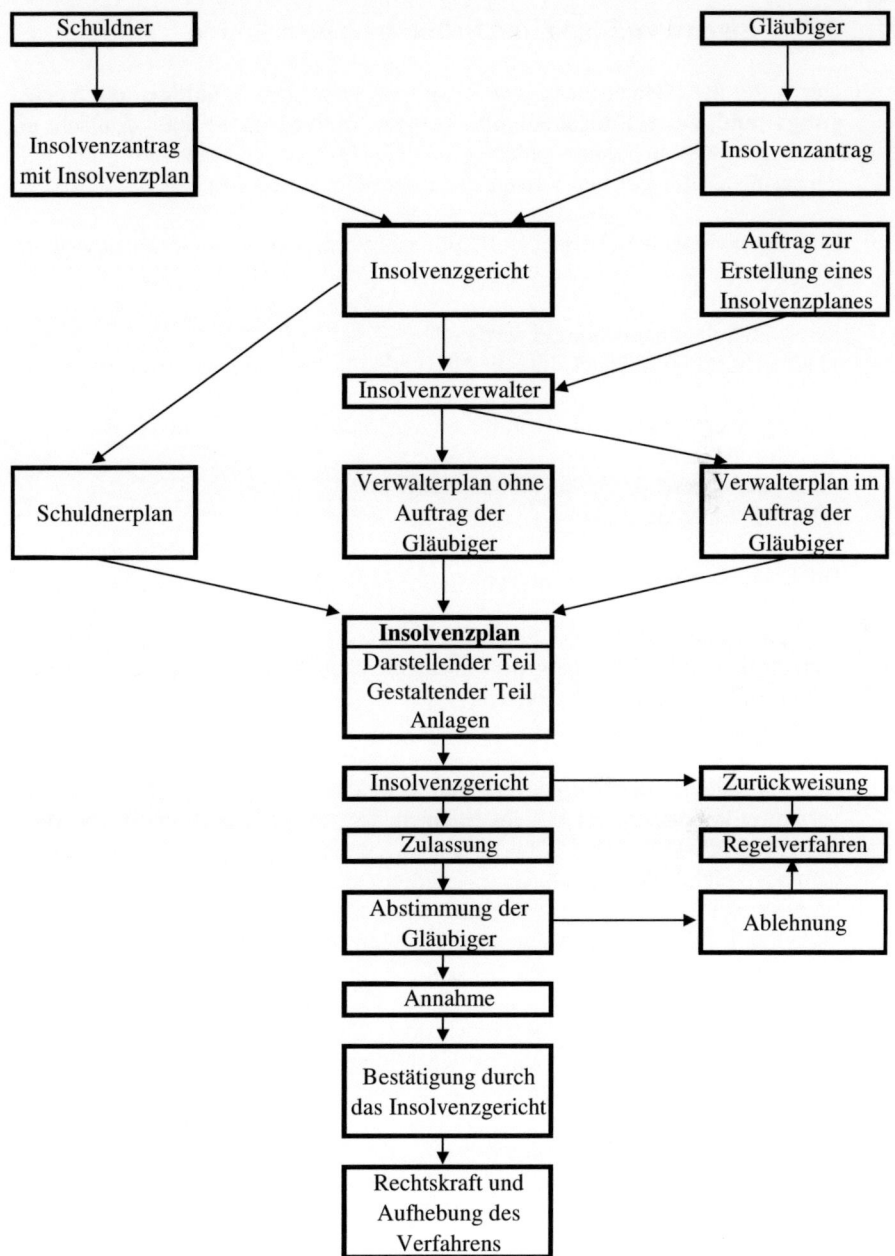

2. Eigenverwaltung und Schutzschirmverfahren

Durch die Möglichkeit der Eigenverwaltung kann dem **Schuldner** die **Verfügungs- und Verwaltungsbefugnis** über die Insolvenzmasse unter Aufsicht eines Sachwalters **belassen** werden (§ 270 I InsO). Für die Eigenverwaltung gelten ansonsten die gleichen Vorschriften, wie beim Regelverfahren.

Eine Eigenverwaltung kommt zu Beginn des Verfahrens nur in Betracht wenn (§ 270 II InsO):

• sie vom Schuldner beantragt wird und
• keine Umstände bekannt sind, die Nachteile für die Gläubiger erwarten lassen.

Die Eigenverwaltung kann nachträglich angeordnet werden, wenn (§ 271 InsO):

• die Gläubigerversammlung dies beantragt und
• der Schuldner zustimmt.

Die Eigenverwaltung wird aufgehoben (§ 272 InsO):

• auf Antrag der Gläubigerversammlung,
• auf Antrag eines Gläubigers, der Umstände glaubhaft macht, die Nachteile für die Gläubiger erwarten lassen oder
• auf Antrag des Schuldners.

Eine spezielle Form der Eigenverwaltung, welche diese mit dem Insolvenzplanverfahren kombiniert, ist das im Rahmen des ESUG[113] eingeführte **„Schutzschirmverfahren"** nach § 270b InsO. Der Zweck des Verfahrens besteht darin, dem noch nicht zahlungsunfähigen Schuldner die Möglichkeit zu verschaffen, in Eigenverwaltung einen Sanierungsplan auszuarbeiten, ohne dass einzelne Gläubiger durch Zwangsvollstreckungen diesen von vorneherein gefährden.

Das „Schutzschirmverfahren" kommt nur bei drohender Zahlungsunfähigkeit und Überschuldung und nicht aussichtsloser Sanierung in Betracht, was durch eine geeignete Person, insbesondere einen Steuerberater, Wirtschaftsprüfer oder Rechtsanwalt, zu bescheinigen ist (§ 270b I InsO).

Wird durch den Schuldner ein entsprechender Antrag gestellt, setzt das Gericht dem Schuldner eine Frist von bis zu 3 Monaten, in der ein Sanierungsplan aufzustellen ist, der anschließend in einen Insolvenzplan übergeht. Während dieser Frist besteht Vollstreckungsschutz (§ 270b II S. 3 InsO). Auf Antrag kann auch der Schuldner Masseverbindlichkeiten begründen (§ 270b III InsO).

---

[113] Gesetz zur weiteren Erleichterung der Sanierung von Unternehmen vom 07.12.2011, BGBl. I S. 2582.

Das „Schutzschirmverfahren" ist unter den Voraussetzungen des § 270b IV InsO aufzuheben, insbesondere bei Aussichtslosigkeit oder auf Antrag des vorläufigen Gläubigerausschusses.

3. Verbraucherinsolvenz

Für Personen, die keine selbständige Tätigkeit ausüben, kommt ein vereinfachtes **Verbraucherinsolvenzverfahren** in Betracht (§§ 304 ff. InsO). Das Verfahren ist auch möglich, wenn der Schuldner nur eine geringfügige selbständige Tätigkeit ausgeübt hat. Eine nur geringfügige selbständige Tätigkeit liegt vor, wenn keine Forderungen aus Arbeitsverhältnissen bestehen und der Schuldner weniger als 20 Gläubiger hat.

Beispiel:
Erwin Sorge hat ohne Angestellte einen Partyservice mit einem monatlichen Umsatz von durchschnittlich 5.000 € betrieben. Aufgrund akuter Zahlungsschwierigkeiten hat er den Geschäftsbetrieb eingestellt, da eine Besserung nicht abzusehen war. Neben seiner Hausbank, der Metzgerei Mecki Messer OHG und der Bäckerei Mehls GmbH hat er drei weitere Gläubiger. Er überlegt, einen Insolvenzantrag zu stellen.

Da Sorge nur eine geringfügige wirtschaftliche Tätigkeit ausgeübt hat (weniger als 20 Gläubiger, keine Ansprüche aus Arbeitsverhältnissen, § 304 InsO), ist für ihn das Verbraucherinsolvenzverfahren maßgeblich.

Dem Verbraucherinsolvenzverfahren liegt eine **dreistufige** Konzeption zugrunde:

1. Stufe	2. Stufe	3. Stufe
außergerichtliches Schuldenbereinigungsverfahren	gerichtliches Schuldenbereinigungsverfahren (optional)	Verbraucherinsolvenzverfahren

Der Schuldner muss nach § 305 I Nr. 1 InsO vor der Durchführung eines Verbraucherinsolvenzverfahrens versucht haben, mit seinen Gläubigern durch Vermittlung einer geeigneten Person oder Stelle auf der Grundlage eines Schuldenbereinigungsplans eine **außergerichtliche Einigung** zu erzielen (**1. Stufe**).

Geeignete Personen sind z.B. Rechtsanwälte oder Steuerberater, geeignete Stellen insbesondere die anerkannten Schuldnerberatungsstellen. Im Schuldenbereinigungsplan sind die Einkommens- und Vermögensverhältnisse darzulegen und ein konkreter Vorschlag zur Schuldenbereinigung zu unterbreiten. Gelingt die außergerichtliche Schuldenbereinigung, ist kein Insolvenzverfahren erforderlich.

Die außergerichtliche Schuldenbereinigung ist gescheitert, wenn nicht alle Gläubiger zustimmen oder ein Gläubiger die Zwangsvollstreckung betreibt (§ 305a InsO). Erst der Nachweis des Scheiterns dieses Einigungsversuchs durch Vorlage einer qualifizierten Bescheinigung eröffnet dem Schuldner den Weg in das gerichtliche Verbraucherinsolvenzverfahren mit Restschuldbefreiungsoption.

Der Antrag auf Eröffnung des Insolvenzverfahrens hat schriftlich unter Verwendung eines amtlichen Vordrucks[114] zu erfolgen (§ 305 I, V InsO). Mit der Antragstellung ist der Antrag auf Restschuldbefreiung zu stellen. Neben der Negativ-Bescheinigung gemäß § 305 Abs. 1 Nr. 1 InsO sind u.a. ein Vermögens- und Gläubigerverzeichnis und ein Schuldenbereinigungsplan einzureichen.

Vor Durchführung des zunächst ruhenden Insolvenzeröffnungsverfahrens (§ 306 I InsO) kann ein **gerichtliches Schuldenbereinigungsverfahren** über den vom Schuldner vorgelegten Schuldenbereinigungsplan mit dem Ziel eines Vergleichs (§ 308 I InsO) stattfinden (**2. Stufe**). Diese Stufe entfällt, wenn der Schuldenbereinigungsplan voraussichtlich nicht angenommen wird (§ 306 I S. 3 InsO).

Ist der Schuldenbereinigungsplan nicht offensichtlich aussichtslos, stellt das Gericht den benannten Gläubigern zunächst den Schuldenbereinigungsplan und die Vermögensübersicht mit der Aufforderung zu, binnen eines Monats Stellung zu nehmen (§ 307 I InsO). Äußert sich der Gläubiger innerhalb der Frist nicht, so zählt das als Zustimmung (§ 307 II InsO).

Hat keiner der Gläubiger Einwendungen erhoben, so gilt der Plan als angenommen (§ 308 I InsO). Hat der Plan die **Kopf- und Summenmehrheit** der Gläubiger erreicht, kann das Gericht auf Antrag eines Gläubigers oder des Schuldners die Einwendungen der überstimmten Gläubiger durch eine **Zustimmung ersetzen** (§ 309 I InsO).

---

[114] http://www.justiz.de/formulare/zwi_bund/vinsolvenz.pdf

Voraussetzung hierfür ist, dass für die überstimmten Gläubiger keine wirtschaftlichen Schlechterstellung im Vergleich zum durchgeführten Insolvenzverfahren **und** bei anschließender Erteilung von Restschuldbefreiung erfolgt.

Bei einer Ablehnung des Plans ist dem Schuldner die Gelegenheit zu geben, den Plan zu ändern oder zu ergänzen (§ 307 III InsO) und über den geänderten Plan erneut abzustimmen.

Nach § 308 I S. 2 InsO hat der angenommene Schuldenbereinigungsplan die Wirkung eines Prozessvergleichs und stellt somit einen Vollstreckungstitel dar.

Scheitert das gerichtliche Verfahren über den Schuldenbereinigungsplan, so ist das nach § 306 I InsO ruhende Eröffnungsverfahren von Amts wegen wieder aufzunehmen (**3. Stufe**, § 311 InsO).

Das dann durchzuführende **Insolvenzverfahren** weist folgende Vereinfachungen auf, die es vom normalen Verfahren unterscheiden:

• das Verfahren wird i.d.R. schriftlich durchgeführt (§ 5 II InsO),
• es wird nur ein Prüfungstermin bestimmt, der Berichtstermin entfällt (§ 29 II S. 2 InsO) und
• die Vorschriften über die Eigenverwaltung (§§ 270 - 285 InsO) sind nicht anzuwenden (§ 270 I S. 3 InsO).

Nach Abschluss des Verbraucherinsolvenzverfahrens kommt eine Restschuldbefreiung in Betracht.

Einen Überblick über das Verbraucherinsolvenzverfahren gibt nachfolgende Übersicht:

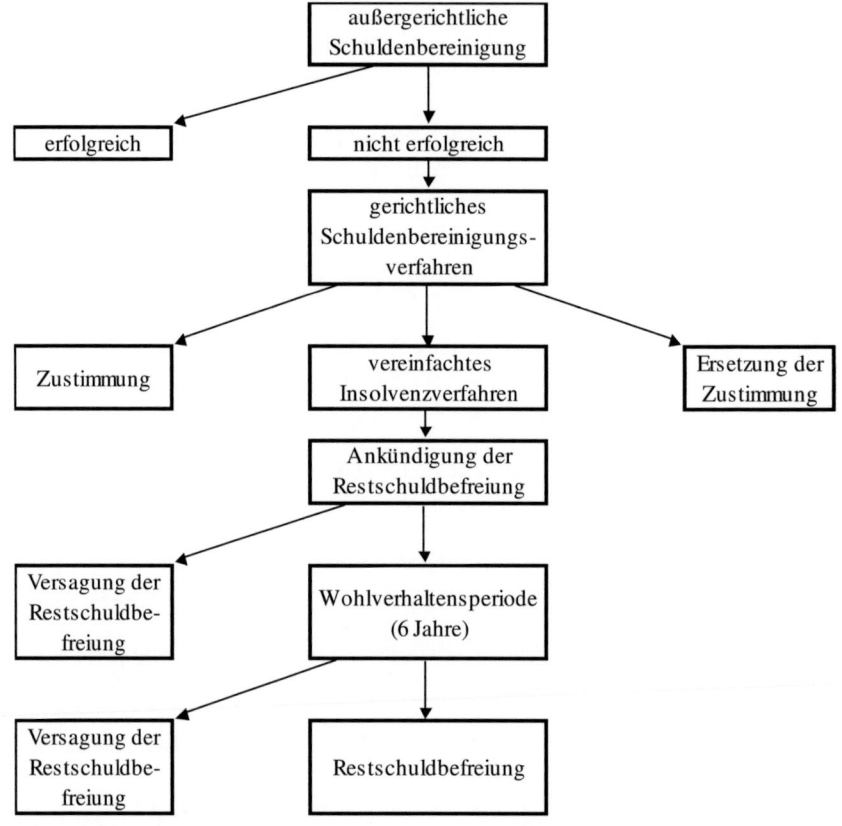

V. Restschuldbefreiung

Ist der Schuldner im Insolvenzverfahren eine natürliche Person, so kann er nach §§ 286 ff. InsO eine **Restschuldbefreiung** erlangen. Die Restschuldbefreiung kann sowohl im Regel-, als auch im Verbraucherinsolvenzverfahren erlangt werden.

Voraussetzungen dafür sind insbesondere, dass

- der Schuldner spätestens 2 Wochen nach dem Hinweis des Gerichts einen **Antrag** stellt,
- seine **pfändbaren Bezüge** für 6 Jahre an einen Treuhänder **abtritt**, der diese an die Gläubiger auszahlt,
- **kein Versagungsgrund** vorliegt (§ 290 I InsO, z.B. Insolvenzstraftat, vorsätzliche oder grob fahrlässige Beeinträchtigung der Gläubigerinteressen, Verschwendung von Vermögen, Verletzung der Erwerbsobliegenheit usw.)
- der Schuldner seine **Obliegenheiten** nach § 295 InsO (angemessene Erwerbstätigkeit bzw. Bemühen um eine solche, Herausgabe der Hälfte von Erbschaften an den Treuhänder, Erfüllung der Auskunftspflichten) erfüllt und
- kein Versagungsgrund (§§ 296 - 298) während der **Wohlverhaltensperiode** vorliegt.

Das Insolvenzgericht prüft, ob der Antrag zulässig ist (§ 287a InsO). Unzulässig ist der Antrag auf Restschuldbefreiung, wenn

- in den letzten zehn Jahren die Restschuldbefreiung erteilt wurde oder
- in den letzten fünf Jahren die Restschuldbefreiung wegen einer Insolvenzstraftat versagt wurde oder
- in den letzten drei Jahren die Restschuldbefreiung wegen Verstoß gegen Mitwirkungspflichten, Falschangaben oder Verletzung der Obliegenheitspflichten versagt wurde.

Ist der Antrag zulässig, stellt das das Gericht durch Beschluss fest, dass die Restschuldbefreiung bei Erfüllung der Obliegenheiten nach § 295 InsO bis zum Ende der Abtretungsfrist erfolgt.

Die Restschuldbefreiung ist zu versagen, wenn ein Insolvenzgläubiger bis zum Schlusstermin einen zulässigen und begründeten **Versagungsantrag** stellt. Der Antrag ist begründet, wenn ein Versagensgrund nach § 290 I InsO vorliegt.

Die Restschuldbefreiung kann auf Antrag eines Insolvenzgläubigers **widerrufen** werden, wenn sich nachträglich herausstellt, dass der Schuldner eine seiner Obliegenheiten **vorsätzlich** verletzt und dadurch die Befriedigung der Insolvenzgläubiger **erheblich** beeinträchtigt hat (§ 303 InsO).

Eine Versagung oder ein Widerruf der Restschuldbefreiung werden im Schuldnerverzeichnis eingetragen (§ 303 a InsO)

Aufgrund der Entscheidung des Insolvenzgerichts wird die Restschuldbefreiung nach Ablauf der Abtretungsfrist erteilt (§ 300 I S. 1 InsO). Die Abtretungsfrist beträgt sechs Jahre (§ 287 II InsO). Hat der Schuldner die Verfahrenskosten bezahlt, verkürzt sich die Frist auf fünf Jahre (§ 300 I Nr. 3 InsO). Wurden zudem 35% der Insolvenzforderungen beglichen, verkürzt sich die Frist auf drei Jahre (§ 300 I Nr. 2 InsO). Hat kein Gläubiger eine Forderung angemeldet oder wurden alle angemeldeten Forderungen beglichen, erfolgt die Restschuldbefreiung bei Begleichung der Verfahrenskosten sofort (§ 300 I Nr. 1 InsO).

Die Restschuldbefreiung wirkt **nicht** auf Verbindlichkeiten aus vorsätzlich begangenen unerlaubten Handlungen und Geldstrafen, vorsätzlich nicht gewährtem Unterhalt usw. (§ 302 InsO). Ebenfalls nicht erfasst werden Masseverbindlichkeiten sowie nach Verfahrenseröffnung neu begründete Verbindlichkeiten.

Buchanzeigen

Lutz Völker
Bürgerliches Recht kompakt

Das BGB ist eines der Fundamente unserer Rechtsordnung. Es stellt die Basis des Privatrechts dar, auf dem andere Rechtsgebiete, wie z.b. das Handelsrecht, aufbauen. Allerdings ist das Bürgerliche Recht keine ganz einfache Materie. Es ist durch eine zum Teil schwer verständliche Sprache und hohe Komplexität geprägt. Im vorliegenden Buch wird demjenigen, welcher sich in das BGB einarbeitet, ein kompakter Einstieg ermöglicht. Dabei wird besonderer Wert auf die anschauliche Darstellung des Stoffs anhand zahlreicher Beispiele und Übersichten gelegt.

Zielgruppen sind vor allem Studenten der Wirtschafts- und Sozialwissenschaften und Teilnehmer von IHK-Lehrgängen, z.b. zum „Geprüften Betriebswirt". Das Buch eignet sich auch für Studienanfänger in juristischen Studiengängen, die sich einen ersten Überblick über das Bürgerliche Recht verschaffen wollen. Selbstverständlich werden auch alle Nichtjuristen angesprochen, die einen kompakten und verständlichen, aber trotzdem fundierten Überblick über das BGB benötigen.

Dieses Buch beinhaltet nach einer kurzen Einführung in rechtliche Grundlagen alle fünf Bücher des BGB. Dabei liegt der Schwerpunkt in der Darstellung des Allgemeinen Teils des BGB sowie des Schuld- und Sachenrechts. Das Familien- und Erbrecht wird im Überblick vorgestellt. Abschließend wird die Falllösungstechnik im Bürgerlichen Recht erläutert. Dieser Abschnitt soll die wesentlichen Grundlagen für die Methodik bei der Bearbeitung von Klausuraufgaben legen.

2. Auflage 2015
Books on Demand GmbH, Norderstedt

ISBN 978-3-8423-7057-9

€ 10,95

Lutz Völker
Arbeits- und Sozialversicherungsrecht kompakt

Das Arbeitsrecht ist ein sehr dynamisches, komplexes und manchmal schwer zu durchschauendes Rechtsgebiet. Für alle mit Fragen des Arbeitsrechts befassten Personen ist es daher unverzichtbar, ein fundiertes arbeitsrechtliches Grundwissen zu besitzen. Das vorliegende Buch will dazu einen Beitrag leisten, indem es einen kompakten Überblick über das Arbeits- und Sozialversicherungsrecht mit dem Stand von Rechtsprechung und Gesetzgebung bis Anfang 2017 gibt. Alle wesentlichen Teilgebiete des Arbeitsrechts werden unter Berücksichtigung der Rechtsprechung des Bundesarbeitsgerichts dargestellt.

Zielgruppen sind Studenten der Wirtschafts- und Sozialwissenschaften mit personalwirtschaftlichem Schwerpunkt, Teilnehmer von IHK-Lehrgängen zum „Geprüften Personalfachkaufmann" und zum „Geprüften Betriebswirt", sowie Personalverantwortliche in Betrieben.

Nach einer kurzen Darstellung der Grundbegriffe und Rechtsgrundlagen des Arbeitsrechts wird zunächst das Arbeitsvertragsrecht von der Begründung bis zur Beendigung des Arbeitsvertrags dargestellt. Anschließend wird das Arbeitsschutzrecht in Grundzügen behandelt. Der folgende Abschnitt befasst sich mit dem kollektiven Arbeitsrecht, es werden das Betriebsverfassungs-, Mitbestimmungs-, Tarifvertragsrecht sowie das Koalitions- und Arbeitskamprecht betrachtet. Abschließend wird nach einem Überblick des arbeitsgerichtlichen Verfahrens das Sozialversicherungsrecht in Grundzügen dargestellt.

7. Auflage 2017
Books on Demand GmbH, Norderstedt

ISBN 978-3-8391-8887-3

€ 10,95